2011打击文物犯罪专项行动成果精粹

The Achievement of the Specialized Fight against the Cultural Relics-involved Crimes in 2011

by

State Administration of Cultural Heritage

The Ministry of Public Security

Cultural Relics Press

2011打击文物犯罪

专项行动成果精粹

国家文物局　公安部　编著

文物出版社

英文翻译：丁晓雷
责任印制：梁秋卉
责任校对：李　薇
责任编辑：李媛媛

图书在版编目（CIP）数据

2011打击文物犯罪专项行动成果精粹／国家文物局，
公安部编著 .－－ 北京：文物出版社，2013.4
ISBN 978-7-5010-3706-3

Ⅰ . ① 2… Ⅱ . ①匡… ②公… Ⅲ . ①文物－中国－图
录 Ⅳ . ① K870.2

中国版本图书馆 CIP 数据核字（2013）第 080262 号

2011打击文物犯罪专项行动成果精粹

编　　著　国家文物局　公安部
出版发行　文物出版社
　　　　　（北京东直门内北小街 2 号楼　邮政编码 100007）
　　　　　http://www.wenwu.com
　　　　　E-mail：web@wenwu.com
制　　版　北京图文天地制版印刷有限公司
印　　刷　北京盛天行健艺术印刷有限公司
经　　销　新华书店
开　　本　889×1194 1/16
印　　张　21.5
版　　次　2013年4月第1版　2013年4月第1次印刷
书　　号　ISBN 978-7-5010-3706-3
定　　价　480.00元

目 录
Table of Contents

前言

2011年，公安部和国家文物局在全面总结2010年打击文物犯罪专项行动成果的基础上，针对依然严峻的文物安全形势，在全国继续部署开展专项行动，扩大打击范围和打击目标，取得了重要战果。同时，两部门协调配合进一步强化，打击文物犯罪联合工作机制不断完善和发展。

2011年5月11日，公安部和国家文物局在陕西省西安市召开动员部署会议，部署北京、河北、山西、内蒙古、江苏、安徽、江西、山东、河南、湖北、湖南、四川、陕西、甘肃、宁夏、青海、新疆17个省、自治区、直辖市，开展"2011打击文物犯罪专项行动"。专项行动从5月份开始到年底结束，为期8个月。目标是侦破一批文物犯罪案件，打掉一批文物犯罪团伙，摧毁一批地下走私贩运通道，抓获一批文物犯罪分子，有效整治非法、地下文物市场，坚决把文物犯罪多发高发的势头压下去。

"2011打击文物犯罪专项行动"部署后，公安部和国家文物局先后对有关省份进行了联合督导，公安部挂牌督办了21起重大文物犯罪案件。列入专项行动重点地区的17个省份高度重视，河北省政府专门召开了电视电话会议，河南、湖南、陕西等省领导对开展专项行动做出批示要求。山西、安徽、河南、湖北、江苏、宁夏、新疆等省份公安机关和文物部门共同召开了动员部署会议，其他省份公安机关和文物部门也分别下发通知提出行动要求。17个省份的公安机关和文物部门都成立了专项行动领导小组或办事机构，结合本地实际，研究制定专项行动工作方案，明确工作重点，提出具体工作措施。专项行动在各地迅速展开，并形成严打攻势。

在各地政府的重视支持和人民群众的广泛参与下，各级公安机关和文物部门密切配合、协同作战，他们认真梳理积案旧案，以点带面、串案并案、破大案、打团伙、追文物，成果显著。共破获各类文物犯罪案件556起，其中盗窃文物案件195起，盗掘古遗址、古墓案件288起；抓获犯罪嫌疑人1062名，打掉犯罪团伙210个；缴获国家文物

5300余件，其中一级文物8件、二级文物72件、三级文物477件。一批大案、要案得以告破，痛击了犯罪分子的嚣张气焰，挽回了文物损失，维护了文物保护管理秩序和社会稳定。如，河北省蔚县南安寺塔地宫被盗案，抓获团伙主要犯罪嫌疑人12名，追回被盗文物132件，其中珍贵文物54件；新疆策勒县以达玛沟遗址被盗案为突破口，先后破获盗掘、贩卖文物案件23起，抓获涉案犯罪嫌疑人34名，收缴各类文物3657件，其中珍贵文物15件；四川省眉山市破获"12·19"系列盗掘文物案，打掉5个盗掘文物犯罪团伙，抓获29名犯罪嫌疑人，破获盗掘文物案107起，追缴文物300余件。

在专项行动中，各地公安和文物部门坚持打防并重，主动出击，有效制止现行犯罪，避免或减少文物损失。公安机关加强巡逻布控，侦破一批现行案件。如，陕西省公安机关通过夜间巡查、设卡盘查共破获文物案件15起，其中盗掘古墓葬案件10起，抓获犯罪嫌疑人22名；甘肃省在盗掘文物犯罪多发地区部署警力加大巡查力度，破获了3起盗掘古墓葬未遂案件；安徽省安庆市公安机关在巡逻中，抓获3名犯罪嫌疑人，查获珍贵文物101件。文物部门加强日常安全巡查，盗掘未遂案件比重明显提高。因文物部门及时发现盗窃盗掘行为并采取措施，河北邯郸赵王陵一号墓、陕西凤翔秦公六号墓、咸阳唐崇陵、礼泉唐昭陵、江苏睢宁"双孤堆"古墓葬、北京十三陵明神宗朱翊钧贵妃园寝石刻、河南南阳内乡法云寺塔地宫等一大批重要文物保护单位免遭损失，仅陕西省文物执法人员在专项行动期间就先后阻止和挫败了20多起企图盗掘古墓葬的犯罪活动。

在专项行动中，各级公安机关和文物部门认识到，要确保文物安全，必须立足长远、着眼长效，始终保持对文物犯罪的强力威慑。为此，两部门着手建立和完善打击和防范文物犯罪长效工作机制。公安部、国家文物局在中央层面建立了"打击和防范文物犯罪联合长效工作机制"，共同建立日常协调工作机构、部署开展打击文物犯罪工作、推进打击文物犯罪信息化建设、加强文物犯罪案件督察督办、协调做好涉案文物鉴定和移交、建立文物安全信息沟通制度、深化打击文物犯罪国际合作。河北、内蒙古、山西、山东、河南、湖南、安徽、湖北、江苏、四川、陕西、甘肃、青海、新疆等省、自治区公安、文物部门都已建立了打击防范文物犯罪长效工作机制，河北、河南、湖南、湖北还建立了多部门参与的文物安全工作联席会议制度。长效工作机制的建立已在专项行动中发挥了重要的指导、协调作用。而且，其更重要的意义是各级文物部门将文物安全提升到重要位置，各级公安机关将打击文物犯罪由集中专项打击，转变为纳入日常打击范围和内容，文物犯罪将处于公安机关的常态监控之下。

在部署开展专项行动的同时，打击文物犯罪信息化建设也得到了公安部和国家文物局的高度重视，2011年两部门共同依托陕西省刑侦局建立了"全国文物犯罪信息中心"，为打击文物违法犯罪工作提供信息研判与情报支持。截至2012年底，信息中心已录入信息9351条，其中立案信息2149条，破案信息1444条，涉案人员信息2933条。下一步，还将进一步推动文物犯罪信息中心与公安部DNA数据库对接，增强实战功能，提高打击精准度和主动性。

新形势下，各级公安机关和文物部门对遏制文物犯罪、保护祖国文化遗产安全信心百倍、斗志昂扬。2012年10月20日～22日，在公安部、国家文物局于新疆乌鲁木齐联合举办的常态化防范打击文物犯罪研修班上，来自全国17个省份公安机关和文物部门的140余名学员，就建立完善打击防范文物犯罪联合长效机制，进一步加大打击文物犯罪力度，进行了广泛深入研讨。大家认为只要坚持对文物犯罪常打不懈，同时不断强化人防、物防和技防措施，文物犯罪就能得到有效遏制，文物安全就能够得到保障。决心要将打击文物犯罪工作继续推向深入，充分利用信息化科技手段提升侦破水平，继续保持严打高压态势；研究采取具体措施，全面落实防范和打击文物犯罪联合长效机制；强化主体责任，创新监管模式，提升科技水平，全面增强文物安全防范能力。

《2011打击文物犯罪专项行动成果精粹》精选了"2011打击文物犯罪专项行动"期间追缴的珍贵文物图片，并配以文字说明。这些精美绝伦的文物图片，昭示了文化遗产弥足珍贵、不容侵害，展现了公安机关和文物部门众多一线国宝卫士们的艰辛付出和卓越贡献，彰显了我国政府打击文物犯罪、保护文化遗产安全的决心和力量。

2013年1月

2011打击文物犯罪专项行动战果表

序号	省份	立案（起）				破	
		盗窃文物案件	盗掘古墓案件	其他案件	立案总数	盗窃文物案件	盗掘古墓案件
	合计	223	224	74	521	195	288
1	北京	0	0	0	0	0	0
2	河北	3	13	1	17	4	15
3	山西	46	28	7	81	46	27
4	内蒙	2	10	0	12	2	10
5	江苏	4	26	2	32	7	23
6	安徽	22	20	7	49	22	15
7	江西	19	12	6	37	19	12
8	山东	8	36	4	48	3	112
9	河南	22	22	9	53	6	24
10	湖北	5	17	1	23	3	12
11	湖南	1	2	0	3	1	2
12	四川	1	3	0	4	0	2
13	陕西	87	26	16	129	82	24
14	甘肃	0	7	0	7	0	7
15	青海	3	0	0	3	0	1
15	宁夏	0	0	0	0	0	0
17	新疆	0	2	21	23	0	2

其他案件	破案总数	抓获犯罪嫌疑人（名）	追缴文物（件）					抓获犯罪团伙（个）	抓获团伙成员（名）	破获挂牌督办案件（起）
			追缴文物总数	珍贵文物	一级文物	二级文物	三级文物			
73	556	1062	5362	557	8	72	477	210	808	16
0	0	0	0	0	0	0	0	0	0	0
1	20	93	194	64	6	17	41	10	93	4
7	80	177	215	21	1	1	19	40	156	0
0	12	33	29	3	0	0	3	12	33	0
1	31	93	174	85	0	21	64	17	81	0
7	44	49	800	159	0	4	155	7	50	1
6	37	78	76	10	0	3	7	17	51	1
2	117	144	120	30	0	3	27	32	71	1
12	42	107	209	49	1	2	46	24	85	0
2	17	46	21	3	0	1	2	14	43	1
0	3	15	100	8	0	1	7	0	0	0
0	2	6	80	0	0	0	0	2	6	0
14	120	157	176	76	0	4	72	30	120	5
0	7	22	140	26	0	2	24	5	19	2
0	1	1	0	0	0	0	0	0	0	0
0	0	0	28	0	0	0	0	0	0	0
21	23	41	3000	23	0	13	10	0	0	1

关于印发《公安部、国家文物局打击和防范 文物犯罪联合长效工作机制》的通知

文物督发［2012］9号

各省、自治区、直辖市文物局（文化厅）、公安厅（局）：

为严厉打击文物犯罪，切实增强文物安全防范能力，为文物事业繁荣发展提供坚强保障，公安部、国家文物局决定，共同建立《打击和防范文物犯罪联合长效工作机制》，现予印发。各地公安机关和文物部门要结合本地实际，建立相应联合工作机制，共同做好打击和防范文物犯罪工作。

国家文物局 公安部

二〇一二年八月二十一日

公安部、国家文物局
打击和防范文物犯罪联合长效工作机制

为全面贯彻全国文物工作会议精神，落实全国文物安全工作部际联席会议有关要求，确保文物安全，保障文物事业繁荣发展，公安部、国家文物局研究决定，双方共同建立"打击和防范文物犯罪联合长效工作机制"。

一、共同建立日常协调工作机构

由公安部刑侦局和国家文物局督察司联合设立"打击文物犯罪工作协调组"，公安部刑侦局局长和国家文物局督察司司长任组长，组成人员相对固定。协调组每半年召开一次会议，通报、总结全国文物安全工作情况，分析研判文物安全形势，研究部署打击文物犯罪工作，督察、督办重大文物犯罪案件，协调重大文物案件侦办事宜，指导各地加强文物安全防范工作。

二、部署开展打击文物犯罪工作

督促指导各级公安机关将文物犯罪列入日常重点打击范围，各级文物部门将文物安全防范和配合公安机关打击文物犯罪作为日常重点工作。公安部和国家文物局适时选择文物犯罪案件高发地区，部署开展打击文物犯罪专项行动，侦破大案要案，打击犯罪团伙，追缴涉案文物，震慑文物犯罪。

三、推进打击文物犯罪信息化建设

共同加强"全国文物安全工作部际联席会议办公室文物犯罪信息中心"建设，明确信息中心的组织机构和运行方式，实现全国各地公安、文物部门共建共享。拓展"全国文物犯罪信息管理系统"功能，及时汇集、统计和研判全国文物犯罪信息，将涉嫌文物违法犯罪高危人员纳入动态管控范围。充分发挥信息中心的信息支撑作用，推动对文物犯罪案件的跨区域协查侦办，提升破案攻坚能力。

2011打击文物犯罪专项行动
先进集体、先进个人和组织协调先进单位名单

一、先进集体（20个）

1. 河北省邯郸县赵王陵一号墓被盗掘案专案组

2. 河北省井陉县唐家垴古墓群被盗掘案专案组

3. 河北省蔚县南安寺塔地宫被盗案专案组

4. 河北省易县清西陵文物被盗案专案组

5. 安徽省合肥市庐江县盛桥镇古墓葬被盗案专案组

6. 江西省永修县云居山明代秀极僧墓塔被盗案专案组

7. 山东省淄博市临淄稷山古汉墓群被盗掘案专案组

8. 山东省莒南县"1.27"盗掘古墓案专案组

9. 湖北省随州市义地岗东周古墓群系列盗墓案专案组

10. 湖南省湘西自治州"9.22"文物被盗案专案组

11. 四川省眉山市"12.19"系列盗掘石刻文物案专案组

12. 陕西省公安厅刑侦局文物案件侦查处

13. 陕西省宝鸡市"6.4"雍城秦公六号陵园被盗案专案组

14. 陕西省西安市临潼区"5.5"盗掘古墓案专案组

15. 陕西省商洛市商鞅封邑遗址被盗掘案专案组

16. 陕西省咸阳市"10.16"唐德宗崇陵被盗掘案专案组

17. 甘肃省灵台县汉代古墓葬被盗案专案组

18. 甘肃省会宁县金元古墓葬群被盗案专案组

19. 新疆巴州且末县"12.17"文物犯罪案专案组

20. 新疆和田地区策勒县达玛沟佛教遗址被盗掘案专案组

二、先进个人（100名）

1. 刘　杰　　河北省刑侦局侵财犯罪侦查大队大队长
2. 崔亚克　　河北省易县公安局刑警大队副大队长
3. 袁世玉　　河北省邯郸县公安局副局长
4. 王书刚　　河北省石家庄市公安局刑警支队副支队长
5. 李　斌　　河北省蔚县公安局刑侦大队
6. 时亚和　　河北省张家口市刑警支队
7. 李恩佳　　河北省文物局副局长
8. 刘建华　　河北省文物出境鉴定中心主任
9. 翟中华　　河北省邯郸市文物局博物处处长
10. 白金亮　　河北省涉县文物旅游局局长
11. 李新威　　河北省蔚县文物事业管理所所长、博物馆馆长
12. 耿左车　　河北省易县清西陵文物管理处主任
13. 田　军　　山西省公安厅刑侦总队侵财支队副支队长
14. 韩　毅　　山西省长治市公安局刑侦支队支队长
15. 王双平　　山西省晋中市公安局刑侦支队支队长
16. 李　磊　　山西省运城市新绛县公安局局长
17. 秦建新　　山西省沂州市文物局科长
18. 郝维和　　山西省浑源县文物局局长
19. 秦建军　　山西省太原市文物局党组成员、副调研员
20. 梁　军　　山西省文物局执法督察处副主任科员

21. 赵欣魁　内蒙古呼伦贝尔市公安局刑警支队副支队长

22. 韩广杰　内蒙古赤峰市公安局刑警支队副支队长

23. 哈　斯　内蒙古兴安盟文物管理站副站长

24. 薛　峰　内蒙古包头市文物管理处执法办主任

25. 杨　明　江苏省徐州市公安局刑警支队七大队教导员

26. 傅　予　江苏省南京市公安局刑侦局侵财性犯罪侦查大队副大队长

27. 杨文杰　江苏省淮安市淮安区文物局局长

28. 刘凤明　江苏省文物局法规处（执法督察处）主任科员

29. 张志坚　安徽省安庆市公安局刑警支队四大队副大队长

30. 虞闻胜　安徽省池州东至县公安局刑侦大队侦查员

31. 王中青　安徽省池州青阳县公安局刑侦大队一中队队长

32. 宋奇波　安徽省黄山市祁门县公安局刑侦大队副大队长

33. 谈建农　安徽省文物局副主任

34. 王　刚　安徽省文物鉴定站副站长

35. 杨建华　安徽省淮北市文物管理所副所长

36. 朱猷雄　安徽省池州市青阳县文物管理所所长

37. 徐承赣　江西省金溪县公安局刑警大队大队长

38. 高雪峰　江西省大余县公安局刑警大队大队长

39. 孙慧芳　江西省永修县文物管理所（博物馆）所长（馆长）

40. 梁朗阳　江西省新建县文物管理所所长

41. 姜致德　山东省济南市长清区公安分局刑警大队副大队长

42. 徐景昆　山东省枣庄市公安局刑侦支队五大队副大队长

43. 李　涛　山东省泰安市公安局刑警支队五大队副大队长

44．刘国华　山东省济宁市公安局刑侦支队三大队民警

45．武得峰　山东省菏泽市公安局刑警支队二大队民警

46．王培永　山东省沂南县文广新局副局长

47．张　辉　山东省济宁市文物局安全督查科

48．石可昌　山东省青州市文物执法大队大队长

49．朱子伟　山东省淄博市临淄区文物局文物稽查队队长

50．张卫军　山东省文物局督察执法处处长

51．陈厚义　河南省公安厅刑侦总队三支队副调研员

52．翟七法　河南省洛阳市公安局刑警支队四大队副主任科员

53．张燕平　河南省安阳县公安局安丰派出所副所长

54．王建忠　河南省睢县公安局刑警大队大队长

55．傅换天　河南省信阳市公安局刑警支队科员

56．李书进　河南省叶县文化局副局长、文物管理局局长

57．王爱英　河南省文物局文物安全处（执法督察处）处长

58．王中文　河南省鹤壁市文化新闻出版局党组成员、纪检组长

59．李　彩　河南省许昌市文物局文物保护与考古科科长

60．李乾有　河南省孟津县文物管理局局长

61．王德贵　湖北省公安厅刑侦总队重案侦查支队主任科员

62．付新风　湖北省襄阳市谷城县公安局刑侦大队教导员

63．郭崇喜　湖北省十堰市文物局局长

64．翟信斌　湖北省荆门市文物局局长

65．申金松　湖南省公安厅刑事侦查总队重案侦查支队

66．傅　涛　湖南省宁乡县公安局刑侦大队副大队长

67. 曾东生　湖南省永州市文物管理处副处长

68. 彭士奇　湖南省文物局执法督察处处长

69. 廖　燃　四川省丹棱县公安局刑警大队副大队长

70. 辜永忠　四川省眉山市公安局局长

71. 杨齐斌　四川省旺苍县公安局刑警大队民警

72. 杜建冬　四川省三台县文物管理所副所长

73. 余天喜　四川省广元市文化市场综合执法支队支队长

74. 张志刚　四川省眉山市文物局主任科员

75. 李社会　陕西省公安厅刑侦局文物案件侦查处副处长

76. 杨云荣　陕西省西安市公安局刑侦局二处五大队副大队长

77. 刘　辉　陕西省宝鸡市公安局刑警支队副支队长

78. 赵胜利　陕西省宝鸡市扶风县公安局副局长

79. 高利军　陕西省咸阳市公安局刑警支队政委

80. 宋建文　陕西省商洛市公安局刑警支队支队长

81. 骆希哲　陕西省文物局督察与安全保卫处处长

82. 王缫劳　陕西省宝鸡市文物旅游局副局长

83. 杨宏刚　陕西省西安市文物稽查队队长

84. 韩荣军　陕西省咸阳市文物旅游局安全督查科副科长

85. 贺兴龙　陕西省蒲城县文物稽查大队队长

86. 王亚鹏　陕西省洛南县文化广播影视局副局长

87. 李维强　甘肃省公安厅刑侦总队侵财案件侦查科副科长

88. 朱天祥　甘肃省灵台县公安局局长

89. 马可房　甘肃省会宁县博物馆馆长

90．王炜焘　甘肃省灵台县博物馆业务部主任

91．马生福　青海省公安厅刑警总队重案二支队民警

92．李　鹏　青海省海西州都兰县公安局刑警大队民警

93．谢海成　青海省互助县文物管理所所长

94．张　磊　青海省文物管理局主任科员

95．杨　伟　新疆公安厅刑侦总队副主任科员

96．袁光军　新疆策勒县公安局副局长

97．何富刚　新疆且末县公安局副局长

98．木塔力甫·买买提　新疆维吾尔自治区策勒县文物保护管理所科员

99．赵宏民　新疆维吾尔自治区且末县文管所博物馆馆长

100．白雪怀　新疆维吾尔自治区沙湾县文物保护管理所所长

三、组织协调先进单位（8个）

1．河北省文物局

2．山西省文物局

3．安徽省文物局

4．山东省文物局

5．河南省文物局

6．四川省文物局

7．陕西省文物局

8．新疆维吾尔自治区文物局

图版目录

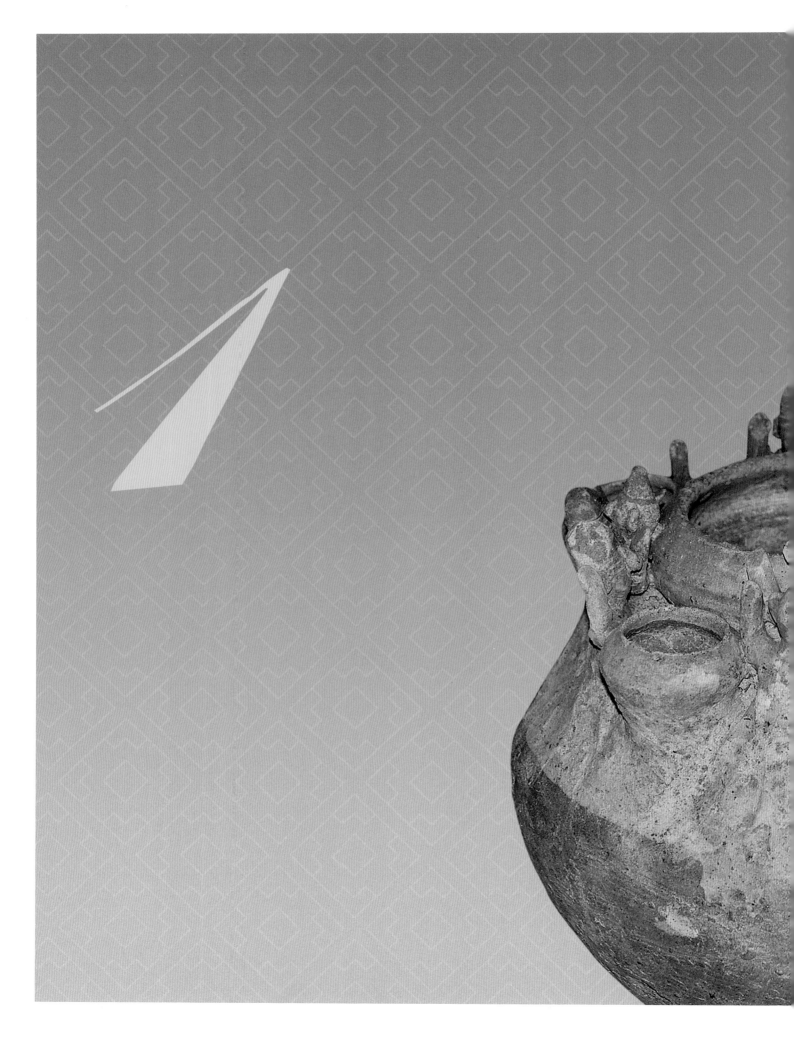

陶 器 | Potteries |

青釉细方格纹带盖陶鼎 | **1**

Green-glazed Lidded Pottery *Ding*-tripod
with Fine Check Pattern

Western Han

西汉

口径19、通高19厘米

现存江西省安福县博物馆

二级文物

褐釉方格纹带盖陶鼎 | **2**

Brown-glazed Pottery Lidded *Ding*-tripod
with Check Pattern

Western Han

西汉
口径19、通高17厘米
现存江西省安福县博物馆
三级文物

方格纹带盖陶鼎 | **3**

Pottery Lidded *Ding*-tripod with Check Pattern

Western Han

西汉

口径19、通高20厘米

现存江西省安福县博物馆

三级文物

方格纹带盖陶鼎 | **4**

Pottery Lidded *Ding*-tripod
with Check Pattern

Western Han

西汉
口径19、通高20厘米
现存江西省安福县博物馆
三级文物

褐釉布纹敞口陶罐 | **5**

Brown-glazed Pottery Jar with Flared
Rim and Textile Pattern

Western Han

西汉
口径15.5、高20厘米
现存江西省安福县博物馆
三级文物

褐釉布纹双系平底陶罐 | **13**
Brown-glazed Double-lugged Pottery Jar with | 西汉
Flat Bottom and Textile Pattern | 口径11.4、高6.5厘米
Western Han | 现存江西省安福县博物馆
| 三级文物

褐釉布纹双系平底陶罐 | **14**
Brown-glazed Double-lugged Pottery Jar with Flat | 西汉
Bottom and Textile Pattern | 口径9.5、高7.2厘米
Western Han | 现存江西省安福县博物馆
| 三级文物

褐釉细方格纹双系平底陶罐 | **15**
Brown-glazed Double-lugged Pottery Jar with
Flat Bottom and Fine Check Pattern

Western Han

西汉
口径11、高7厘米
现存江西省安福县博物馆
三级文物

细方格纹双系陶壶 | **16**
Double-lugged Pottery Pot with
Fine Check Pattern

Western Han

西汉
口径11.2、高23.4厘米
现存江西省安福县博物馆
三级文物

方格纹双系陶壶 | **17**

Double-lugged Pottery Pot with
Check Pattern

Western Han

西汉
口径13、底径17、高38厘米
现存江西省安福县博物馆
三级文物

褐釉方格纹双系陶壶 | **18**

**Brown-glazed Double-lugged Pottery
Pot with Check Pattern**

Western Han

西汉
口径12.5、高35.8厘米
现存江西省安福县博物馆
三级文物

褐釉布纹双系陶壶 | **19**

Brown-glazed Double-lugged Pottery Jar
with Flat Bottom and Textile Pattern

Western Han

西汉

口径12.5、底径17.8、高17.4厘米

现存江西省安福县博物馆

三级文物

褐釉细方格纹双系陶壶 | **20**
Brown-glazed Double-lugged Pottery Pot
with Fine Check Pattern

Western Han

西汉
口径14、高35厘米
现存江西省安福县博物馆
三级文物

褐釉方格纹碗形陶敦

Brown-glazed Pottery Bowl-shaped
Dui-tureen with Check Pattern

Western Han

21

西汉

口径20、通高19厘米

现存江西省安福县博物馆

三级文物

青釉双系陶罐 | **22**
Green-glazed Double-lugged
Pottery Jar

Han

汉
安徽省青阳县蓉城镇清泉岭村汉墓被盗案缴获
现存安徽省青阳县文物管理所
三级文物

青釉双系陶罐 | **23**
Green-glazed Double-lugged
Pottery Jar

Han

汉
安徽省青阳县蓉城镇清泉岭村汉墓被盗案缴获
现存安徽省青阳县文物管理所
三级文物

青釉双系陶罐

Green-glazed Double-lugged
Pottery Jar

Han

24

汉

安徽省青阳县蓉城镇清泉岭村汉墓被盗案缴获

现存安徽省青阳县文物管理所

三级文物

陶五联罐 | **25**

Five-mouthed Pottery Jar

Han

汉

安徽省青阳县蓉城镇五星村汉墓被盗案缴获

现存安徽省青阳县文物管理所

三级文物

陶俑（2件）
Pottery Human Figurines (2 Pieces)
Han

26
汉
左高16、右高17厘米
现存四川省三台县文物管理所
三级文物

陶鸡
Pottery Chicken
Han

27
汉
高23.5厘米
现存四川省三台县文物管理所
三级文物

陶马
Pottery Horse
Han

28
汉
长19、高13.6厘米
安徽省青阳县蓉城镇五星村汉墓被盗案缴获
三级文物

陶谷仓 | **29**
Pottery Granary | 西晋
Western Jin | 直径19、高12.5厘米
安徽省青阳县蓉城镇五星村西晋墓被盗案缴获
三级文物

陶畜圈 | **30**
Pottery Animal Pen | 西晋
Western Jin | 直径11.2、底径10、高4厘米
安徽省青阳县蓉城镇五星村西晋墓被盗案缴获
三级文物

陶禽圈 | **31**
Pottery Poultry Cage | 西晋
Western Jin | 长11、宽8、高7.5厘米
安徽省青阳县蓉城镇五星村西晋墓被盗案缴获
三级文物

釉陶盘口壶 | **32**

Glazed Pottery Pot with Dish-shaped Rim

Jin

晋

口径13、腹径20.4、底径15.7、高31.2厘米

现存陕西省旬阳县博物馆

三级文物

釉陶罐 | **33**
Glazed Pottery Jar | 南朝
Southern Dynasties | 口径10.8、腹径17.7、底径9.7、高13.2厘米
现存陕西省旬阳县博物馆
三级文物

釉陶仓 | **34**
Glazed Pottery Granary | 南朝
Southern Dynasties | 口径9.5、腹径15、底径13.3、高20.5厘米
现存陕西省旬阳县博物馆
三级文物

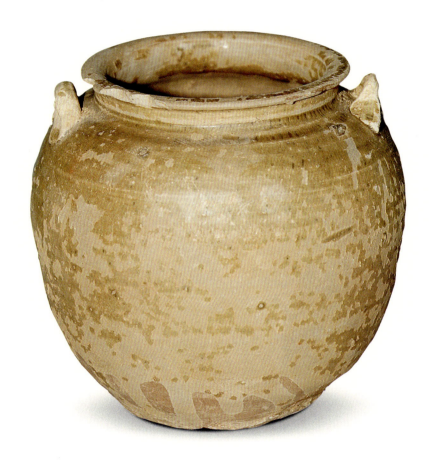

釉陶双系罐 | **35**
Glazed Pottery Double-lugged Jar
| 唐
| 安徽省青阳县蓉城镇五星村唐墓被盗案缴获
Tang | 三级文物

黑釉双系陶壶

Black-glazed Double-lugged Pottery Pot

Tang

36

唐

口径7、高16.5厘米

安徽省安庆市公安局迎江分局移交

三级文物

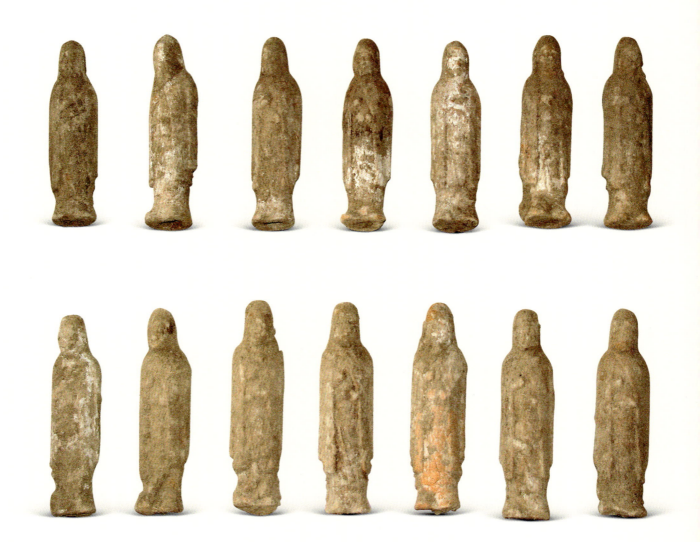

陶侍俑（14件）

Pottery Attendant Figurines (14 Pieces)

Tang

37

唐

高21.5~22厘米

现存河南省洛阳博物馆

三级文物

陶镇墓兽 | **38**

Pottery Tomb-Quelling Beast

Jin

金

底座15×16、高33.6厘米

山东省淄博市淄川区西河镇东坡地村涉嫌文物违法案缴获

现存山东省淄川博物馆

三级文物

瓷 器｜Porcelains｜

青瓷盘口壶 | **39**
Celadon Pot with Dish-shaped Rim |
Six Dynasties (229–589 CE) | 六朝
口径6.7.底径9.1、高10.4厘米
四川省三台县公安局移交
三级文物

青釉碗 | **40**
Celadon Bowl |
Six Dynasties (229–589 CE) | 六朝
口径9、底径4.2、高4.6厘米
四川省三台县公安局移交
三级文物

青釉碗 **41**

Celadon Bowl 六朝

Six Dynasties (229–589 CE) 口径14.5、底径8.1、高6.5厘米

四川省三台县公安局移交

三级文物

青釉碗 **42**

Celadon Bowl 唐

Tang 口径15、高5.2厘米

安徽安庆市公安局追缴

三级文物

陶器｜**瓷器**｜铜器｜漆木器｜石构件｜金银器｜其他

影青釉花口瓜棱瓶 | **43**

Shadowy Blue-glazed Porcelain Polygonal
Vase with Foliate Rim

Liao

辽

口径7.9、底径7.2、高18.5厘米

河北省蔚县南安寺塔地宫被盗案缴获

现存河北省蔚县博物馆

三级文物

黑釉窑变碗 | **44**

Black-glazed Bowl with
Flambé Effect

Liao

辽

口径12、足径3.6、高5厘米

河北省蔚县南安寺塔地宫被盗案缴获

现存河北省蔚县博物馆

三级文物

黑釉窑变碗 | **45**

Black-glazed Bowl with
Flambé Effect

Liao

辽

口径12、足径3.6、高5厘米

河北省蔚县南安寺塔地宫被盗案缴获

现存河北省蔚县博物馆

三级文物

影青碗 | **46**

Shadowy Blue-glazed
Porcelain Bowl

Liao

辽

口径10、底径2.7、高4.7厘米

河北省蔚县南安寺塔地宫被盗案缴获

现存河北省蔚县博物馆

三级文物

影青碗 | **47**

Shadowy Blue-glazed
Porcelain Bowl

Liao

辽

口径9.5、底径2.5、高5厘米

河北省蔚县南安寺塔地宫被盗案缴获

现存河北省蔚县博物馆

三级文物

影青花口盘 | **48**
Shadowy Blue-glazed Porcelain | 辽
Plate with Foliate Rim | 口径10.8、底径3.9、高2.2厘米
| 河北省蔚县南安寺塔地宫被盗案缴获
Liao | 现存河北省蔚县博物馆
| 三级文物

影青盏托 | **49**
Shadowy Blue-glazed | 辽
Porcelain Saucer | 口径10.1、足径3.7、高4.7厘米
| 河北省蔚县南安寺塔地宫被盗案缴获
Liao | 现存河北省蔚县博物馆
| 三级文物

影青盏托 | **50**
Shadowy Blue-glazed | 辽
Porcelain Saucer | 口内径3.2、口外径7、足径2.4、高2.9厘米
| 河北省蔚县南安寺塔地宫被盗案缴获
Liao | 现存河北省蔚县博物馆
| 三级文物

青白釉罐 | **51**
Pale Blue-glazed Porcelain Jar | 宋
Song | 口径6、高9.7厘米
安徽省安庆市公安局追缴
三级文物

青白釉单柄罐 | **52**
Pale Blue-glazed Porcelain | 宋
Single-handled Jar | 口径5.8、高9.2厘米
Song | 安徽省安庆市公安局追缴
三级文物

青白釉瓜棱四系罐 | **53**
Pale Blue-glazed Porcelain Four-
lugged Polygonal Jar

宋
口径9.8、高13.3厘米
安徽省安庆市公安局追缴
三级文物

Song

褐釉四系盖罐 | **54**
Brown-glazed Porcelain Four-lugged
Polygonal Jar with Lid

宋
口径7.7、底径6.4、通高20.8厘米
安徽省祁门县公安局移交
三级文物

Song

莲花纹瓷罐 | **55**
Porcelain Jar with Lotus Design | 宋
Song | 底径8、高12厘米
现存陕西省昭陵博物馆
三级文物

莲花纹瓷罐 | **56**
Porcelain Jar with Lotus Design | 宋
Song | 底径8、残高10厘米
现存陕西省昭陵博物馆
三级文物

青釉执壶 | **57**
Green-glazed Porcelain Pitcher | 宋
Song | 口径7、高11.7厘米
安徽省安庆市公安局追缴
三级文物

青白釉双系执壶 | **58**
Pale Blue-glazed Porcelain | 宋
Double-lugged Pitcher | 口径7.5、高13.3厘米
Song | 安徽省安庆市公安局追缴
三级文物

繁昌窑青白釉执壶 | **59**
Pale Blue-glazed Porcelain Pitcher, | 宋
Fanchang Ware | 口径4.8、底径6.9、高11厘米
Song | 安徽省祁门县公安局移交
二级文物

白釉黑花四系瓶
White-glazed Porcelain Vase with Four
Lugs and Black Floral Design
Song

60
宋
口径6、足径11.5、高30厘米
山东省淄博市翰林学府工地涉嫌哄抢文物案缴获
现存山东省淄川博物馆
三级文物

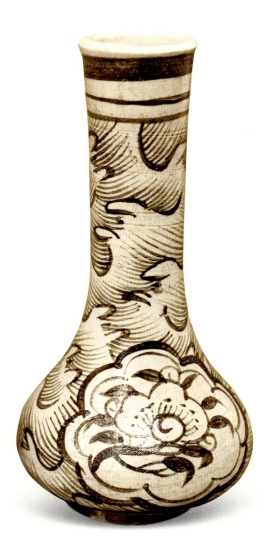

吉州窑长颈瓶（2件） | **61**

Long-necked Porcelain Vase
Jizhou Ware (2 Pieces)

Song

宋
口径3.5、底径5、高16.5厘米
现存江西省峡江县博物馆
二级文物

青釉莲瓣纹碗 | **62**
宋
Green-glazed Porcelain Bowl with
Lotus Petal Pattern
口径16、高5.3厘米
安徽省安庆市公安局追缴
Song
三级文物

青白釉碗（6件）

**Pale Blue-glazed Porcelain
Bowls (6 Pieces)**

Song

63

宋

安徽省安庆市公安局追缴

三级文物

青白釉碗（6件）

Pale Blue-glazed Porcelain Bowls (6 Pieces)

Song

64

宋

安徽省安庆市公安局追缴

三级文物

青白釉碗（4件） | **65**
Pale Blue-glazed Porcelain | 宋
Bowls (4 Pieces) | 安徽省祁门县公安局移交
Song | 三级文物

影青刻花团花纹碗 | **66**

Shadowy Blue-glazed Porcelain with
Incised Rosette Design

Song

宋

口径11.5、足径3.5、高5.5厘米

河北省蔚县南安寺塔地宫被盗案缴获

现存河北省蔚县博物馆

二级文物

青白釉盘 | **67**

Pale Blue-glazed Porcelain Plate

Song

宋
口径14、底径7.1、高3.7厘米
安徽省祁门县公安局移交
三级文物

影青釉花卉纹盘（2件） | **68**

**Shadowy Blue-glazed Porcelain Plates with
Floral Design (2 Pieces)**

Song

宋
口径13.8、底径9、高2.5厘米
安徽省安庆市公安局追缴
三级文物

青白釉盏 | **69**
Pale Blue-glazed Porcelain Teacup | 宋
Song | 口径8.4、高2.5厘米
安徽省安庆市公安局追缴
三级文物

青白釉盏 | **70**
Pale Blue-glazed Porcelain Teacup | 宋
Song | 口径13、高4.2厘米
安徽省安庆市公安局追缴
三级文物

青白釉盏、托

**Pale Blue-glazed Porcelain
Teacup and Saucer**

Song

71

宋

盏口径6.6、盘口径11.7、通高11.2厘米

安徽省安庆市公安局追缴

三级文物

青白釉盏托

Pale Blue-glazed Porcelain Saucer

Song

72

宋

直径15.5、高9厘米

安徽省祁门县公安局移交

二级文物

影青盏托

Shadowy Blue-glazed
Porcelain Saucer

Song

| 73
宋
直径9.6、底径3.3、高3.8厘米
河北省蔚县南安寺塔地宫被盗案缴获
现存河北省蔚县博物馆
二级文物

青白釉碟

Pale Blue-glazed
Porcelain Dish

Song

| 74
宋
口径9.2、底径3.9、高2.7厘米
安徽省祁门县公安局移交
三级文物

青白釉划花碟（3件）

**Pale Blue-glazed Porcelain Dish with
Incised Design (3 Pieces)**

Song

75

宋

安徽省祁门县公安局移交

三级文物

青白釉花口碟

Pale Blue-glazed Porcelain Dish
with Foliate Rim

Song

76

宋

口径10.5、底径4、高2.5厘米

安徽省祁门县公安局移交

三级文物

青白釉花口碟 | **77**

Pale Blue-glazed Porcelain Dish
with Foliate Rim

Song

宋
安徽省安庆市公安局追缴
三级文物

青白釉钵
Pale Blue-glazed Porcelain Palm-bowl

Song

78
宋
口径13.7、高8厘米
安徽省安庆市公安局追缴
三级文物

青白釉粉盒
Pale Blue-glazed Porcelain Cosmetic Box

Song

79
宋
安徽省祁门县公安局移交
三级文物

青釉炉 | **80**
Celadon Burner
Song

宋
底径17、高16厘米
现存陕西省昭陵博物馆
二级文物

白釉刻花莲瓣纹碗 | **81**

White-glazed Porcelain Bowl with
Incised Lotus Petal Design

Jin

金

口径12.6、底径4.4、高6厘米

河南省鹤壁市公安局刑警队移交

现存河南省鹤壁市博物馆

三级文物

白釉刻花莲瓣纹碗 | **82**

White-glazed Porcelain Bowl with
Incised Lotus Petal Design

Jin

金

口径10.2、底径3、高5厘米

河南省鹤壁市公安局刑警队移交

现存河南省鹤壁市博物馆

三级文物

白釉葵口盘 | **83**

White-glazed Porcelain Plate with
Mallow-shaped Rim

Jin

金

口径8.6、底径3.5、高2厘米

河南省鹤壁市公安局刑警队移交

现存河南省鹤壁市博物馆

三级文物

酱釉四系鸡腿瓶 | **84**

Dark Brown-glazed Leg of Chicken-shaped Vase with Four Handles

Jin

金

口径6.5、足径7.4、高34.5厘米

山东省淄博市翰林学府工地涉嫌哄抢文物案缴获

现存山东省淄川博物馆

三级文物

酱釉四系鸡腿瓶

Dark Brown-glazed Leg of Chicken-
shaped Vase with Four Handles

Jin

85

金

口径6.5、足径7、高34.2厘米

山东省淄博市翰林学府工地涉嫌哄抢文物案缴获

现存山东省淄川博物馆

三级文物

凤纹瓷罐 | **86**

Porcelain Jar with Phoenix Design

Yuan

元

口径21.3、底径20.4、高34.7厘米

现存山东省菏泽市博物馆

二级文物

青花狮纹碗 | **87**
Blue-and-white Porcelain with | 明
Lion Design | 口径14、高6.2厘米
| 安徽省安庆市公安局追缴
Ming | 三级文物

青花兽纹碗 | **88**
Blue-and-white Porcelain Bowl | 明
with Beast Design | 口径14.7、高7厘米
| 安徽省安庆市公安局追缴
Ming | 三级文物

青花碗（3件）

Blue-and-white Porcelain Bowls (3 Pieces)

Ming

89

明

口径14.7、高7.7厘米

安徽省安庆市公安局追缴

三级文物

青花花卉纹碗 | **90**

Blue-and-white Porcelain Bowl
with Floral Design

Ming

明

安徽省安庆市公安局追缴

三级文物

青花绳纹碗 | **91**

Blue-and-white Porcelain Bowl
with Rope Design

明

Ming

安徽省安庆市公安局追缴

三级文物

青花海水纹碗 | **92**

Blue-and-white Porcelain Bowl
with Sea Wave Design

明

Ming

安徽省安庆市公安局追缴

三级文物

青花狮纹盘 | **93**

Blue-and-white Porcelain Plate
with Lion Design

Ming

明
口径15.8、高3.4厘米
安徽省安庆市公安局追缴
三级文物

山水行舟青花碗（6件）

**Blue-and-white Porcelain Bowls with Boating
in Landscape Design (6 Pieces)**

Qing

94

清

口径13.4、底径6.8、高4.6厘米

陕西省旬阳县甘溪大岭王家垭被盗案缴获

现存陕西省旬阳县博物馆

三级文物

青花杯 | 95
Blue-and-white Porcelain Cup | 清
Qing | 安徽省安庆市公安局追缴
三级文物

铜 器|**Bronzes**|

虎头铜匜 | **96**

Bronze *Yi*-pourer with Tiger Head-shaped Spout

Spring–and–Autumn Period

春秋

长30、宽12、高13厘米

山东省淄博市葛家村刘某盗掘古墓案

齐国故城遗址博物馆

三级文物

乳丁纹铜舟 | **97**
Bronze *Zhou*-bowl with Nipple Pattern | 春秋
Spring-and-Autumn Period | 高11.9厘米
| 山东省淄博市大夫村王某盗掘古墓案缴获
| 现存齐国故城遗址博物馆
| 三级文物

乳丁纹铜舟 | **98**
Bronze *Zhou*-bowl with Nipple Pattern | 春秋
Spring-and-Autumn Period | 高11.6厘米
| 山东省淄博市大夫村王某盗掘古墓案缴获
| 现存齐国故城遗址博物馆
| 三级文物

鬲式回纹青铜鼎

Bronze *Li*-shaped *Ding*-tripod with
Zigzag Pattern

Early Warring–States Period

99

战国早期
口径16、高12.6厘米
山东省淄博市葛家村刘某盗掘古墓案
齐国故城遗址博物馆
三级文物

青铜鼎 | **100**
Bronze *Ding*-tripod | 战国
Warring–States Period | 口径15、高18.3厘米
山东省淄博市皇城高家村顾某盗掘古墓案缴获
现存齐国故城遗址博物馆
三级文物

青铜敦 | **101**
Bronze *Dui*-tureen | 战国
Warring-States Period | 口径15.5、高18.2厘米
山东省淄博市皇城高家村顾某盗掘古墓案缴获
现存齐国故城遗址博物馆
三级文物

青铜敦

Bronze *Dui*-tureen

Warring-States Period

102

战国

口径15.1、高17.9厘米

山东省淄博市皇城高家村顾某盗掘古墓案缴获

现存齐国故城遗址博物馆

三级文物

铜编钟（11件） | **103**
Bronze Chime Bells (11 Pieces) | 战国
Warring–States Period | 高10.4~15.6厘米
湖北省谷城县公安局移交
一级文物

绚纹铜扁钟 | **104**

Bronze Chime Bell with Rope Pattern

Warring-States Period

战国

铣宽14、高32.8厘米

湖南省吉首市"9·22"文物盗窃案缴获

现存湖南省吉首市博物馆

三级文物

绚纹铜扁钟 | **105**

Bronze Chime Bell with Rope Pattern

Warring-States Period

战国

铣宽13.8、高31.4厘米

湖南省吉首市"9·22"文物盗窃案缴获

现存湖南省吉首市博物馆

三级文物

蟠虺纹铜軎 | **106**

Bronze Axle Cap with Hydra Design

Warring–States Period

战国

口径7.5、高4.6厘米

山东省淄博市葛家村刘某盗掘古墓案

齐国故城遗址博物馆

三级文物

青铜剑 | **107**
Bronze Sword | 战国
Warring–States Period | 长49.8厘米
山东省淄博市皇城曹村刘某等盗掘古墓案缴获
现存齐国故城遗址博物馆
三级文物

青铜剑 | **108**
Bronze Sword | 秦
Qin | 长75.2厘米
山东省淄博市皇城曹村刘某等盗掘古墓案缴获
现存齐国故城遗址博物馆
三级文物

青铜鸡首壶

Bronze Pot with Chicken-head Spout

Western Han

109

西汉

口径8、柄长10、通高12厘米

现存江西省安福县博物馆

二级文物

双系青铜釜

Bronze Double-handled *Fu*-cauldron

Western Han

110

西汉

口径12、高15厘米

现存江西省安福县博物馆

三级文物

带系铜矛

Bronze Spearhead with a Ring

Western Han

111

西汉

銎径1.5、宽2.3厘米

现存江西省安福县博物馆

三级文物

（局部）

（局部）

摇钱树 | **112**

Bronze "Money Tree"

Eastern Han

东汉

残高120厘米

四川省中江县东汉崖墓被盗案缴获

二级文物

铜耳杯 | **113**

Bronze Eared Cup

Han

汉
口长径14.5、短径8.6、高3厘米
河北省蔚县杨庄窠派出所移交
现存河北省蔚县博物馆
三级文物

青铜博山炉 | **114**

Bronze *Boshan Lu*
(Universal Mountain Censer)

Han

汉
口径8、盘径17.5、高20厘米
河北省蔚县杨庄窠派出所移交
现存河北省蔚县博物馆
三级文物

青铜四神温酒器（2件）

Bronze Containers for Warming Wine with Four Supernatural Beings Design (2 Pieces)

Han

115

汉

口径12、底径10、高9.5厘米

河北省蔚县杨庄窠派出所移交

现存河北省蔚县博物馆

三级文物

四叶纹铜洗 | **116**
Bronze Basin with Quatrefoil Design
Han

汉
口径30.3、高13.1厘米
湖南省吉首市"9·22"文物盗窃案缴获
现存湖南省吉首市博物馆
三级文物

双鱼纹铜洗 | **117**
Bronze Basin with Double Fish Design
Han

汉
口径37.1、高9.9厘米
湖南省吉首市"9·22"文物盗窃案缴获
现存湖南省吉首市博物馆
三级文物

青铜提梁筒 | **118**

Bronze Barrel with Swing Handle

Han

汉

底径11、高24厘米

山东省济宁市盗掘古墓案缴获

现存山东省兖州市博物馆

三级文物

虎纽铜錞于 | **119**

Bronze *Chunyu*-bell with Tiger-shaped
Knob

Han

汉

底径19×15.3、高41.1厘米

湖南省吉首市"9·22"文物盗窃案缴获

现存湖南省吉首市博物馆

二级文物

虎纽铜錞于 | **120**

Bronze *Chunyu*-bell with Tiger-shaped
Knob

Han

汉
底径15.5×14.8、高46.1厘米
湖南省吉首市"9·22"文物盗窃案缴获
现存湖南省吉首市博物馆
三级文物

虎纽铜錞于 | **121**

Bronze *Chunyu*-bell with Tiger-shaped Knob

Han

汉

底径16.4×13.2、高40.8厘米

湖南省吉首市 "9·22" 文物盗窃案缴获

现存湖南省吉首市博物馆

三级文物

十二辰铭文铜镜

Bronze Mirror with Zodiac Animal
Figures and Inscription

Han

122

汉
直径15.8厘米
现存山东省济宁市博物馆
三级文物

铜鎏金立像

Gilt Bronze Standing Statue

Northern Qi

123

北齐
高6厘米
山东省淄博市敬仲镇刘王村杨某文物哄抢案缴获
现存齐国故城遗址博物馆
三级文物

铜鎏金带榫佛像

Gilt Bronze Standing Buddha Statue
with Tenon

Northern Qi

124

北齐
高8.5厘米
山东省淄博市敬仲镇刘王村杨某文物哄抢案缴获
现存齐国故城遗址博物馆
三级文物

陶器｜瓷器｜铜器｜漆木器｜石构件｜金银器｜其他

铜鎏金带榫立像 | **125**
Gilt Bronze Standing Statue with Tenon
北齐
高8.4厘米
Northern Qi
山东省淄博市敬仲镇刘王村杨某文物哄抢案缴获
现存齐国故城遗址博物馆
三级文物

铜鎏金带榫立像 | **126**
Gilt Bronze Standing Statue with Tenon
北齐
高7.7厘米
Northern Qi
山东省淄博市敬仲镇刘王村杨某文物哄抢案缴获
现存齐国故城遗址博物馆
三级文物

铜鎏金带榫立像 | **127**
Gilt Bronze Standing Statue with Tenon
Northern Qi

北齐
高7厘米
山东省淄博市敬仲镇刘王村杨某文物哄抢案缴获
现存齐国故城遗址博物馆
三级文物

铜鎏金带榫立像 | **128**
Gilt Bronze Standing Statue with Tenon
Northern Qi

北齐
高8厘米
山东省淄博市敬仲镇刘王村杨某文物哄抢案缴获
现存齐国故城遗址博物馆
三级文物

铜鎏金带榫立像

Gilt Bronze Standing Statue with Tenon

Northern Qi

129

北齐

高8.1厘米

山东省淄博市敬仲镇刘王村杨某文物哄抢案缴获

现存齐国故城遗址博物馆

三级文物

铜鎏金带榫立像

Gilt Bronze Standing Statue with Tenon and Lotus Flower-shaped Pedestal

Northern Qi

130

北齐

高6.8厘米

山东省淄博市敬仲镇刘王村杨某文物哄抢案缴获

现存齐国故城遗址博物馆

三级文物

铜鎏金带榫罗汉立像

Gilt Bronze Standing Arhat Statue with Tenon

Northern Qi

131

北齐

高5.8厘米

山东省淄博市敬仲镇刘王村杨某文物哄抢案缴获

现存齐国故城遗址博物馆

三级文物

铜鎏金带榫罗汉立像

Gilt Bronze Standing Arhat Statue with Tenon

Northern Qi

132

北齐

高5.5厘米

山东省淄博市敬仲镇刘王村杨某文物哄抢案缴获

现存齐国故城遗址博物馆

三级文物

铜鎏金带榫莲座立像

Gilt Bronze Standing Statue with Tenon
and Lotus Flower-shaped Pedestal

Northern Qi

133

北齐

高14.8厘米

山东省淄博市敬仲镇刘王村杨某文物哄抢案缴获

现存齐国故城遗址博物馆

三级文物

铜鎏金带榫仰莲座立佛

Gilt Bronze Standing Buddha Statue with
Tenon and Lotus Flower-shaped Pedestal

Northern Qi

134

北齐

高6厘米

山东省淄博市敬仲镇刘王村杨某文物哄抢案缴获

现存齐国故城遗址博物馆

三级文物

铜鎏金带榫卷云状柄仰莲座像

Gilt Bronze Statue with Tenon and Lotus
Flower-shaped Pedestal

Northern Qi

135

北齐

高10厘米

山东省淄博市敬仲镇刘王村杨某文物哄抢案缴获

现存齐国故城遗址博物馆

三级文物

铜鎏金足床覆莲座像

Gilt Bronze Seated Statue with Lotus Flower-
shaped Pedestal

Northern Qi

136

北齐

高9.7厘米

山东省淄博市敬仲镇刘王村杨某文物哄抢案缴获

现存齐国故城遗址博物馆

三级文物

葵花口平底青铜盘

Bronze Flat-bottomed Plate
with Mallow-shaped Rim

Liao

137

辽

口径24、高3.7厘米

河北省蔚县南安寺塔地宫被盗案缴获

现存河北省蔚县博物馆

三级文物

六字真言铜牌饰

Bronze Plaque with the Om Mani
Padme Hum Mantra

Liao

138

辽

直径9.9、厚0.1厘米

河北省蔚县南安寺塔地宫被盗案缴获

现存河北省蔚县博物馆

三级文物

梵文铜牌饰

Bronze Plaque with Sanskrit
Inscription

Liao

139

辽

直径9.9、厚0.1厘米

河北省蔚县南安寺塔地宫被盗案缴获

现存河北省蔚县博物馆

三级文物

七佛青铜牌饰 | **140**

Bronze Plaque with the Sapta
Buddha Images

Liao

辽
宽10.7、底座径7.5、高19.3厘米
河北省蔚县南安寺塔地宫被盗案缴获
现存河北省蔚县博物馆
三级文物

青铜千佛龛 | **141**

Bronze Thousand-Buddha Niche

Liao

辽

高12.6、合宽7.1、总宽13.5厘米

河北省蔚县南安寺塔地宫被盗案缴获

现存河北省蔚县博物馆

二级文物

铜鎏金莲座菩萨立像 | **142**

Gilt Bronze Standing Bodhisattva
Statue with Lotus Base

Liao

辽
底径3.2、高7.1厘米
河北省蔚县南安寺塔地宫被盗案缴获
现存河北省蔚县博物馆
三级文物

铜鎏金药师坐佛 | **143**

Gilt Bronze Seated Statue of Bhaisajyaguru
(Buddha of the Medicine)

Liao

辽
底径3.2、高5.5厘米
河北省蔚县南安寺塔地宫被盗案缴获
现存河北省蔚县博物馆
三级文物

铜鎏金背屏式大日如来坐佛

**Gilt Bronze Seated Statue of
Vairocana with Back Screen**

Liao

144

辽

底径2.2、高4.6、背光高7.2厘米

河北省蔚县南安寺塔地宫被盗案缴获

现存河北省蔚县博物馆

三级文物

四乳铜镜

**Bronze Mirror with Four
Nipples Design**

Song

145

宋

直径8.3厘米

安徽省安庆市公安局追缴

三级文物

葵形铜镜（3件）

Mallow-shaped Bronze Mirrors (3 Pieces)

Song

146

宋

直径16.5～17厘米

安徽省安庆市公安局追缴

三级文物

湖州葵形铜镜（3件）

Mallow-shaped Bronze Mirrors with
"Huzhou" Inscription (3 Pieces)

Song

147

宋

直径11～13.8厘米

安徽省安庆市公安局追缴

三级文物

方形八卦纹铜镜 | **148**
Square Bronze Mirror with Eight-trigram Design
Song

宋
边长13.2厘米
安徽省安庆市公安局追缴
三级文物

方形铜镜 | **149**
Square Bronze Mirror
Song

宋
边长8厘米
安徽省安庆市公安局追缴
三级文物

方形"千秋万代"铜镜 | **150**
Square Bronze Mirror with "Qianqiu Wandai (Eternal)" Inscription
Song

宋
边长13.5厘米
安徽省安庆市公安局追缴
三级文物

方形委角铜镜 | **151**

Square Bronze Mirror with
Rounded Corners

宋

边长12.3厘米

Song

安徽省安庆市公安局追缴

三级文物

仙人纹铜执镜 | 152

Handled Bronze Mirror with Immortal Images

Song

宋
直径11.2、柄长10厘米
安徽省安庆市公安局追缴
三级文物

桃形镜 | **153**
Heart-shaped Bronze Mirror | 宋
Song | 长径12、短径9.5厘米
| 安徽省安庆市公安局追缴
| 三级文物

湖州桃形镜 | **154**

Heart-shaped Bronze Mirror with
"Huzhou" Inscription

Song

宋
长径11、短径8.6厘米
安徽省安庆市公安局追缴
三级文物

铭文铜镜 | **155**

Bronze Mirror with Inscription

Song

宋
直径14.5厘米
铭"饶州新桥许家青铜照子"
安徽省安庆市公安局追缴
三级文物

铜护法造像

Bronze Statue of Skanda Bodhisattva

Song

156

宋

座长径7、短径5、高15厘米

现存陕西省昭陵博物馆

三级文物

铜鎏金菩萨造像 | **157**
Gilt Bronze Statue of Bodhisattva
Song

宋
座径11、高28.5厘米
现存陕西省昭陵博物馆
三级文物

铜鎏金普贤菩萨造像 | **158**

Gilt Bronze Statue of Samantabhadra
Bodhisattva

Song

宋

座长径9、短径7.5、高18.6厘米

现存陕西省昭陵博物馆

三级文物

漆木器 | Lacquers And Wooden Artifacts

大漆耳杯 | **159**

Lacquered Large Eared Cup | 西汉
现存江苏省南京市六合区文物保管所

Western Han | 二级文物

小漆耳杯 | **160**
Lacquered Small Eared Cup | 西汉
Western Han | 现存江苏省南京市六合区文物保管所
三级文物

漆奁盒 | **161**
Lacquered *Lian*-cosmetic Box
西汉
现存江苏省南京市六合区文物保管所
Western Han
三级文物

漆奁盒 | **162**

Lacquered *Lian*-cosmetic Box | 西汉

Western Han | 现存江苏省南京市六合区文物保管所

二级文物

漆奁盒 | **163**
Lacquered *Lian*-cosmetic Box
Western Han
西汉
现存江苏省南京市六合区文物保管所
三级文物

漆盆 | **164**
Lacquered Basin | 西汉
Western Han | 现存江苏省南京市六合区文物保管所
三级文物

漆案 | **165**
Lacquered Tray | 西汉
Western Han | 现存江苏省南京市六合区文物保管所
| 三级文物

彩绘七佛装藏单层檐木塔 | **166**

Wooden Library Pagoda with Color-painted Sapta
Buddha Images and Single Eave

Liao

辽

底径12、高23厘米

河北省蔚县南安寺塔地宫被盗案缴获

现存河北省蔚县博物馆

一级文物

彩绘七佛仰莲座单层檐木塔 | **167**

辽

底径13.5、高26.6厘米

河北省蔚县南安寺塔地宫被盗案缴获

现存河北省蔚县博物馆

一级文物

Wooden Pagoda with Color-painted Sapta Buddha Images,
Single Eave and Lotus Flower-shaped Base

Liao

彩绘莲花须弥座筒形木塔

Tubular Wooden Pagoda with Color-Painted Lotus
Flower Design and Sumeru Base

Liao

168

辽

底径11、高29.8厘米

河北省蔚县南安寺塔地宫被盗案缴获

现存河北省蔚县博物馆

二级文物

彩绘筒形单层檐木塔 | **169**

Color-painted Cylindrical Wooden Pagoda with Single Eave

Liao

辽

底径7.8、高19.5厘米

河北省蔚县南安寺塔地宫被盗案缴获

现存河北省蔚县博物馆

二级文物

彩绘须弥座筒形木塔 | **170**

Tubular Wooden Pagoda with
Color-Painted Sumeru Base

Liao

辽
底径9.8、高23厘米
河北省蔚县南安寺塔地宫被盗案缴获
现存河北省蔚县博物馆
二级文物

彩绘须弥座筒形重檐木塔 | **171**

Tubular Wooden Pagoda with Color-Painted
Sumeru Base and Double Eave

Liao

辽
底径10、高21.7厘米
河北省蔚县南安寺塔地宫被盗案缴获
现存河北省蔚县博物馆
二级文物

涂金须弥座木塔 | **172**
Gold-coated Wooden Pagoda with
Sumeru Base
辽
底径8、高24厘米
河北省蔚县南安寺塔地宫被盗案缴获
现存河北省蔚县博物馆
二级文物

Liao

涂金须弥座筒形木塔 | **173**
Gold-coated Tubular Wooden Pagoda | 辽
with Sumeru Base | 底径7.3、高20.5厘米
Liao | 河北省蔚县南安寺塔地宫被盗案缴获
| 现存河北省蔚县博物馆
| 二级文物

红彩须弥座四门木塔 | **174**

Red-painted Wooden Pagoda with
Sumeru Base and Four Doors

Liao

辽

底径8、高19.9厘米

河北省蔚县南安寺塔地宫被盗案缴获

现存河北省蔚县博物馆

三级文物

涂金彩绘木雕天王坐像

Gold-coated and Color-painted Wooden
Seated Lokapala Statue

Liao

175

辽

底径6.4、高9.4厘米

河北省蔚县南安寺塔地宫被盗案缴获

现存河北省蔚县博物馆

二级文物

涂金彩绘木雕天王坐像 | **176**
Gold-coated and Color-painted Wooden
Seated Lokapala Statue
Liao
辽
底径5.5、高8.4厘米
河北省蔚县南安寺塔地宫被盗案缴获
现存河北省蔚县博物馆
二级文物

涂金彩绘木雕天王坐像

Gold-coated and Color-painted Wooden
Seated Lokapala Statue

Liao

177

辽

底径6.6、高8.6厘米

河北省蔚县南安寺塔地宫被盗案缴获

现存河北省蔚县博物馆

二级文物

涂金彩绘木雕天王坐像

Gold-coated and Color-painted Wooden
Seated Lokapala Statue

Liao

178

辽

底径6.4、高9厘米

河北省蔚县南安寺塔地宫被盗案缴获

现存河北省蔚县博物馆

二级文物

涂金木雕坐佛（4件）
Gold-coated and Color-painted Wooden
Seated Buddha Statues (4 Pieces)

Liao

179

辽
底径3.3～3.4、高5.5～6厘米
河北省蔚县南安寺塔地宫被盗案缴获
现存河北省蔚县博物馆
三级文物

彩绘木雕仰莲佛坐像 | **180**

Color-painted Wooden Seated Buddha Statue
with Lotus Flower-shaped Seat

Liao

辽

底径4.5、高7厘米

河北省蔚县南安寺塔地宫被盗案缴获

现存河北省蔚县博物馆

三级文物

木雕菩萨立像（2件）

**Wooden Standing Bodhisattva
Statues (2 Pieces)**

Liao

181

辽

高5.6、6厘米

河北省蔚县南安寺塔地宫被盗案缴获

现存河北省蔚县博物馆

三级文物

涂金仰莲高柄木座 **182**
Gold-coated High-stemmed Wooden Stand
with Lotus Flower Design

Liao

辽
底径9.5、高11.2厘米
河北省蔚县南安寺塔地宫被盗案缴获
现存河北省蔚县博物馆
二级文物

仰莲高柄木座

High-stemmed Wooden Stand with
Lotus Flower Design

Liao

183

辽

底径9.8、高12厘米

河北省蔚县南安寺塔地宫被盗案缴获

现存河北省蔚县博物馆

三级文物

金丝佛珠 | **184**

Gold Wire-inlayed Buddhist Prayer Beads

Liao

辽

河北省蔚县南安寺塔地宫被盗案缴获

现存河北省蔚县博物馆

三级文物

漆金镂雕山水人物花板（4件）

Gold-lacquered Wooden Screens with Hollowed Landscape
and Human Figure Designs (4 Pieces)

Qing

185

清

长64、宽20厘米

安徽省青阳县李氏宗祠被盗案缴获

现存安徽省青阳县文物管理所

二级文物

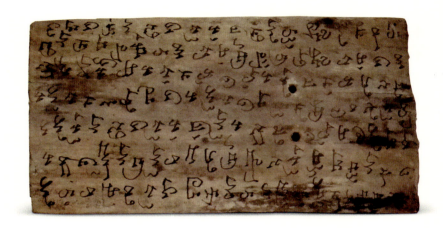

于阗文案牍 | **186**

Official Documents in Khotan Script

长20.5、宽12.2厘米
新疆维吾尔自治区达玛沟佛教遗址被盗案缴获
现存新疆维吾尔自治区策勒县文体局
二级文物

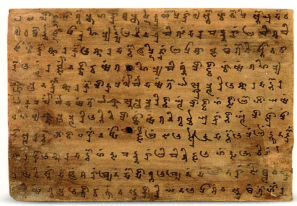

于阗文案牍　**187**

Official Documents in
Khotan Script

长20、宽16.5厘米
新疆维吾尔自治区达玛沟佛教遗址被盗案缴获
现存新疆维吾尔自治区策勒县文体局
二级文物

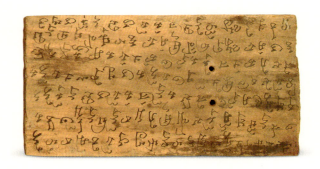

于阗文案牍　**188**

Official Documents in Khotan Script

长17.3、宽12厘米
新疆维吾尔自治区达玛沟佛教遗址被盗案缴获
现存新疆维吾尔自治区策勒县文体局
三级文物

石构件 | Stone Structure Parts

武士格斗画像石 | **189**

Stone Relief of Scuffling Warriors

Eastern Han

东汉

长173、宽80、厚10厘米

山东省沂南李某私购文物案缴获

现存山东省沂南北寨汉墓博物馆

三级文物

（拓片）

（拓片）

楼阁人物画像石 | **190**
Stone Relief of Pavilions and Human Figures

Eastern Han

东汉
长118、宽80、厚14厘米
山东省沂南李某私购文物案缴获
现存山东省沂南北寨汉墓博物馆
三级文物

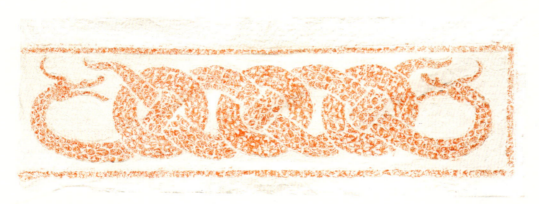

（拓片）

双龙穿璧画像石 | **191**

Stone Relief of Double Dragon Going Through
Jade *Bi*-discs

Eastern Han

东汉

长127、宽42、厚25厘米

山东省沂南李某私购文物案缴获

现存山东省沂南北寨汉墓博物馆

三级文物

（拓片）

双身合首鸟画像石 | **192**
Stone Relief of Double-bodied Bird

东汉
长110、宽82、厚17厘米
山东省沂南李某私购文物案缴获
现存山东省沂南北寨汉墓博物馆
三级文物

Eastern Han

滑石观音立像 | **193**
Talc Standing Statue of Avalokitesvara

Northern Qi

北齐

高24厘米

山东省淄博市敬仲镇刘王村杨某文物哄抢案缴获

现存齐国故城遗址博物馆

三级文物

石墓门 | 194
Stone Tomb Door
Tang
唐
宽124、高140、厚26厘米
河南省龙门古墓葬盗窃案缴获
现存河南省龙门石窟
一级文物

石羊 | **195**
Stone Sheep | 唐
Tang | 长83、宽38、高100厘米
现存山西省襄汾县博物馆
二级文物

石观音像 | **196**
Stone Avalokitesvara Image | 唐
Tang | 宽32、高120厘米
四川省丹棱县松柏之铭碑及摩崖造像被盗案缴获
现存四川省丹棱县文管所

石佛像 | **197**

Stone Buddha Image

Tang

唐

宽35、高112厘米

四川省丹棱县松柏之铭碑及摩崖造像被盗案缴获

现存四川省丹棱县文管所

石佛像 | **198**
Stone Buddha Image
Tang

唐
宽13、高30厘米
四川省丹棱县松柏之铭碑及摩崖造像被盗案缴获
现存四川省丹棱县文管所

石佛像 | **199**
Stone Buddha Image
Tang

唐
宽12、高27厘米
四川省丹棱县松柏之铭碑及摩崖造像被盗案缴获
现存四川省丹棱县文管所

石佛头 | **200**
Stone Buddha Head | 唐
Tang | 宽29、高49厘米
四川省丹棱县郑山摩崖造像被盗案缴获
现存四川省丹棱县文管所

石经幢 | 201
Stone Dharani Pillar
Tang

唐
基座宽120、高368.5厘米
四川省丹棱县鸡公山摩崖造像被盗案缴获
现存四川省丹棱县博物馆

（局部）

石菩萨立像 | **202**
Stone Standing Bodhisattva Image | 唐

Tang | 宽37、高141厘米
四川省蒲江石窟—龙拖湾摩崖造像被盗案缴获
现存四川省浦江县文管所

石观音像 | **203**
Stone Bodhisattva Image
Tang

唐
宽30、高112厘米
四川省仁寿县两岔河摩崖造像被盗案缴获
现存四川省仁寿县文管所

石释迦牟尼头像 | **204**
Stone Sakyamuni Buddha Head | 唐

Tang | 宽17、高28厘米
四川省仁寿县牛角寨石窟被盗案缴获
现存四川省仁寿县文管所

朝请大夫张大同墓碑 | **205**

Tombstone of Zhang Datong, the *Chaoqing Dafu*
(Grand Master for Court Audiences)

Northern Song

北宋

宽71、高159厘米

现存陕西省渭南市中心博物馆

二级文物

石羊 | **206**
Stone Sheep
Song | 宋
长108、宽46、高150厘米
河南省宋陵石刻被盗案缴获
现存河南省巩义市文物旅游局
二级文物

丞相骑马出行图画像石 | **207**

Stone Relief of "the Prime Minister 's
Procession" Scene

Song

宋

长105、宽102厘米

四川省资中县赵雄墓被盗案缴获

现存四川省资中县文管所

丞相骑马出行图画像石 | **208**
Stone Relief of "the Prime Minister's
Procession" Scene

Song

宋
长105、宽95厘米
四川省资中县赵雄墓被盗案缴获
现存四川省资中县文管所

坐轿图画像石 | **209**
Stone Relief of "Traveling by | 宋
Sedan Chair" Scene | 长105、宽102厘米
Song | 四川省资中县赵雄墓被盗案缴获
现存四川省资中县文管所

车马图画像石 | **210**

Stone Relief of "Carriages and Calvary
Procession" Scene

Song

宋

长100、宽95厘米

四川省资中县赵雄墓被盗案缴获

现存四川省资中县文管所

二十四孝图石棺构件 | **211**

Sarcophagus Part with the "Twenty-four
Paragons of Filial Piety" Motif

金

山西省新绛县公安局缴获

Jin | 一级文物

沙石牛 | **212**

Sandstone Ox

Song to Yuan

宋～元

长135、宽43、高70厘米

现存山西省襄汾县博物馆

三级文物

石狮 | **213**
Stone Lion |
Yuan | 元
长78、宽40、高122厘米
现存山西省襄汾县博物馆
三级文物

石狮 | **214**
Stone Lion |
Yuan | 元
长56、宽40、高106厘米
现存山西省襄汾县博物馆
三级文物

墓道门（2扇）
Stone Tomb Entrance Door
Leaves (2 Pieces)

Ming

215
明
宽50、高120厘米
现存山西省襄汾县博物馆
二级文物

双龙石碑（2件）
**Stone Stele With
Double Dragon Design (2 Pieces)**
Ming

216

明
宽80、高150、厚28厘米
山东省沂水县张守佐碑碑首被盗案缴获
现存山东省沂水县圈里乡石栏村
三级文物

石虎（一对） | **217**
Stone Tigers (a Pair) | 明
Ming | 长97、宽30、高62厘米
现存山西省襄汾县博物馆
三级文物

持念珠罗汉石坐像

Stone Statue of Seated Arhat Holding
Prayer Beads

Ming

218

明

座宽32.5、残高38.8厘米

现存陕西省旬阳县博物馆

三级文物

抚狮罗汉石坐像
Stone Statue of Seated Arhat
Fondling Lion

Ming

219

明

座宽32、残高37.5厘米

现存陕西省旬阳县博物馆

三级文物

抱膝罗汉石坐像

**Stone Statue of Seated
Arhat Holding Knees**

Ming

220

明

座宽30、残高39.2厘米

现存陕西省旬阳县博物馆

三级文物

秀极僧塔 | 221

Tomb Pagoda of Xiuji, a Buddhist Monk

Ming

明

直径150、高250厘米

位于九江市永修县云山企业集团瑶田农场

石磨 | **222**
Grindstone
Qing (Fortieth Year of Qianlong Era)

清·乾隆四十年
直径67、厚26厘米
现存山西省襄汾县博物馆
三级文物

石狮（一对）

Stone Lions (a Pair)

Qing (Twenty-sixth Year of Daoguang Era)

223

清·道光二十六年

长78、宽45、高105厘米

现存山西省襄汾县博物馆

三级文物

乘虎武士石坐像 | **224**
Stone Statue of Warrior Riding Tiger
Qing (Twenty—second Year of Guangxu Era)

清·光绪二十二年
座宽34.2、残高42.5厘米
现存陕西省旬阳县博物馆
三级文物

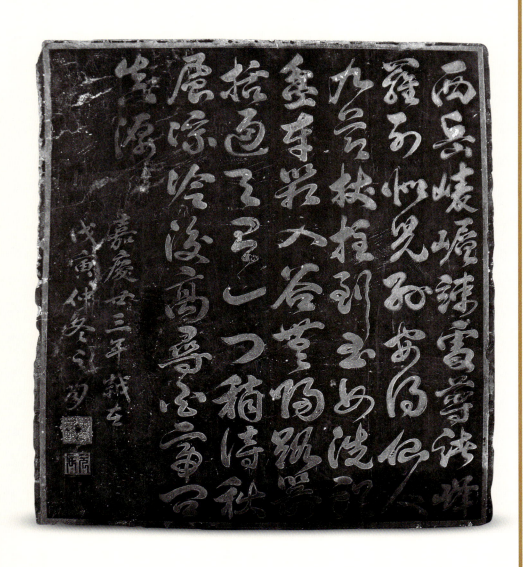

嘉庆二十三年行书碑 | **225**

Stone Tablet of the Twenty-third Year of Jiaqing
Era (1818) in *Xingshu* (Running Script) Style

Qing

清

长111、宽93、厚20厘米

现存山西省襄汾县博物馆

三级文物

陶器 ｜ 瓷器 ｜ 铜器 ｜ 漆木器 ｜ 石构件 ｜ 金银器 ｜ 其他

方座覆莲纹石柱础 | **226**

Stone Column Base with Overturned Lotus Petal Design and Square Plinth

Qing

清

座宽32、高56厘米

安徽安庆市倒卖文物案缴获

三级文物

浅浮雕石建筑构件 | **227**
Bas-relief Stone Architecture Part
Qing

清
座长29、宽25.5、高81厘米
安徽安庆市倒卖文物案缴获
三级文物

浅浮雕麒麟纹石镶件 | **228**

Stone Inlaying Part with Bas-relief
Kylin Design

Qing

清

长100、宽90、厚5.5厘米

安徽安庆市倒卖文物案缴获

三级文物

水月庵石塔 | **229**

Pagoda of the Water Moon Temple

Qing

清

通高376厘米

现存山东省高唐县固河镇敬老院

山东省聊城市文物保护单位

武士童子扇形石柱构件（2件）

Sectoral Column Parts with Warrior and
Children Figures (2 Pieces)

Qing

230

清

宽14.5、高59.5厘米

陕西省勉县新铺镇青华发墓被盗案缴获

现存陕西省宁强县羌族文化博物馆

三级文物

持鞭人物墓葬石柱构件（2件）

Stone Tomb Column Parts with Human
Figures Holding Whips (2 Pieces)

Qing

231

清

宽17、高66厘米

陕西省勉县新铺镇青华发墓被盗案缴获

现存陕西省宁强县羌族文化博物馆

三级文物

八仙人物墓葬石柱构件（2件）

Stone Tomb Column Parts with Human Figures
of the "Eight Immortals" (2 Pieces)

Qing

232

清

宽37、高92厘米

陕西省宁强县苍社无名氏墓

现存陕西省宁强县羌族文化博物馆

三级文物

龛形老妇侍童白石构件

Niche-shaped White Stone Tomb Structure Part with
Old Woman and Servant Figures

Qing

233

清

宽32、厚41.8厘米

陕西省宁强县苍社杨大贵墓被盗案缴获

现存陕西省宁强县羌族文化博物馆

三级文物

宗位侍童墓葬石构件

Stone Tomb Structure Part with
Servant Figure

Qing

234

清

宽43.5、高30厘米

陕西省宁强县汉源镇马氏墓被盗案缴获

现存陕西省宁强县羌族文化博物馆

三级文物

龛形夫妻对坐墓葬石构件

Niche-shaped Stone Tomb Structure Part with
Portraits of Couple Seated vis-à-vis

Qing

235

清

宽41、高56厘米

陕西省宁强县二郎坝镇瞿先照墓被盗案缴获

现存陕西省宁强县羌族文化博物馆

三级文物

人物图墓葬白石构件（2件）

White Stone Tomb Structure Parts with Human Figure (2 Pieces)

Qing

236

清

宽30、高65.84厘米

现存陕西省宁强县羌族文化博物馆

三级文物

龛形宴饮图墓葬石构件 | **237**

Niche-shaped Stone Tomb Structure Part
with Feasting Scene

Qing

清
宽38.2、高46.5厘米
现存陕西省宁强县羌族文化博物馆
三级文物

龛形供食人物墓葬石构件 | **238**

Niche-shaped Stone Tomb Structure Part
with Food Serving Scene

Qing

清

宽43、高49厘米

现存陕西省宁强县羌族文化博物馆

三级文物

龛形人物宴饮图彩绘墓葬石构件 | **239**

Niche-shaped Stone Tomb Structure Part with Color-
painted Human Figures and Feasting Scene

Qing

清

宽39.5、厚63厘米

陕西省宁强县二郎坝镇吴正明墓被盗案缴获

现存陕西省宁强县羌族文化博物馆

三级文物

龛形教子图墓葬石构件 | **240**
Niche-shaped Stone Tomb Structure Part
with "Teaching Child" Scene

Qing

清
宽29、高39.5厘米
陕西省宁强县二郎坝镇郭万新墓被盗案缴获
现存陕西省宁强县羌族文化博物馆
三级文物

孔雀侍童香炉套龛墓葬石构件 | **241**

Niche-shaped Stone Tomb Structure Part with
Peacock, Servant and Censer Designs

Qing

清

宽59、厚68厘米

现存陕西省宁强县羌族文化博物馆

三级文物

"一团和气"墓葬石刻横额 | **242**

Stone Tomb Lintel with "Harmony" Motif

Qing

清

宽66、高42厘米

陕西省宁强县二郎坝镇郭万新墓被盗案缴获

现存陕西省宁强县羌族文化博物馆

三级文物

雕龙石墓柱（2件）

Stone Tomb Columns with Relief Dragon Design (2 Pieces)

Qing

243

清

座宽13、高127厘米

陕西省宁强县禅家岩镇郑朝珍墓被盗案缴获

现存陕西省宁强县羌族文化博物馆

三级文物

雕八仙人物石墓柱（2件）
Stone Tomb Columns with the "Eight Immortals"
Figures (2 Pieces)

Qing

244

清

座宽23、高125厘米

陕西省宁强县禅家岩镇郑朝珍墓被盗案缴获

现存陕西省宁强县羌族文化博物馆

三级文物

雕男女侍童石墓柱 | **245**

Stone Tomb Column with Servant
and Maid Figures

Qing

清

面宽7.8、高64厘米

陕西省宁强县禅家岩镇郑朝珍墓被盗案缴获

现存陕西省宁强县羌族文化博物馆

三级文物

龛形夫妻开芳宴彩绘石雕 | **246**

Niche-shaped Stone Tomb Structure Part with Color-painted Couple in Feasting Scene

Qing

清

宽39、高43厘米

陕西省宁强县二郎坝镇郭万新墓被盗案缴获

现存陕西省宁强县羌族文化博物馆

三级文物

龛形马刀人物石雕（2件）

Niche-shaped Stone Tomb Structure Parts with
Human Figure Holding Saber (2 Pieces)

Qing

247

清

宽35.8、高41厘米

陕西省宁强县禅家岩镇陈万杨墓被盗案缴获

现存陕西省宁强县羌族文化博物馆

三级文物

方形宴饮人物石雕 | **248**

Square Stone Tomb Structure Part with Feasting
Scene and Human Figure

Qing

清

宽73、高50.3厘米

陕西省宁强县毛坝河镇谷正才墓被盗案缴获

现存陕西省宁强县羌族文化博物馆

三级文物

龛形戏曲人物墓葬石构件（2件）

Stone Tomb Structure Parts with
Drama Scene (2 Pieces)

Qing

249

清

宽108.5、高88.8厘米

陕西省宁强县毛坝河镇谷正才墓被盗案缴获

现存陕西省宁强县羌族文化博物馆

三级文物

乘鹿寿星墓葬石构件 | **250**

Stone Tomb Structure Part with God of Longevity Riding Deer Design

Qing

清

宽108.5、高88.8厘米

陕西省宁强县毛坝河镇谷正才墓被盗案缴获

现存陕西省宁强县羌族文化博物馆

三级文物

乘鹿寿星墓葬石构件 | **251**

Stone Tomb Structure Part with God of Longevity Riding Deer Design

Qing

清

宽43、高54厘米

陕西省南镇县黎坪镇边家梁无名氏墓被盗案缴获

现存陕西省宁强县羌族文化博物馆

三级文物

石雕人物墓门扇（2扇）

Stone Tomb Door Leaves with
Human Figures (2 Pieces)

Qing

252

清

宽50、高167厘米

陕西省宁强县巴山镇朱友文墓被盗案缴获

现存陕西省宁强县羌族文化博物馆

三级文物

龛形人物宴饮图墓葬石构件 | **253**
Niche-shaped Stone Tomb Structure Part with
Feasting Scene and Human Figure
Qing

清
宽50.5、高64厘米
陕西省宁强县二郎坝镇吴桂林墓被盗案缴获
现存陕西省宁强县羌族文化博物馆
三级文物

龛形神话人物墓葬石构件
Niche-shaped Stone Tomb
Structure Part

Qing

254

清
宽43、高59.5厘米
陕西省宁强县毛坝河镇谷正才墓被盗案缴获
现存陕西省宁强县羌族文化博物馆
三级文物

龛形夫妻对坐墓葬石构件 | **255**

Stone Tomb Structure Part with Portraits
of Couple Seated vis-à-vis

Qing

清

宽82、高42厘米

陕西省宁强县二郎坝镇陈大忠墓被盗案缴获

现存陕西省宁强县羌族文化博物馆

三级文物

戏曲人物墓葬石构件

Stone Tomb Structure Part
with Drama Scene

Qing

256

清

宽65.5、高28厘米

陕西省宁强县禅家岩镇李君墓被盗案缴获

现存陕西省宁强县羌族文化博物馆

三级文物

方形戏曲人物墓葬石构件

Square Stone Tomb Structure Part
with Drama Scene

Qing

257

清

残宽84、高33厘米

陕西省南镇县黎坪镇李家嘴邓氏墓被盗案缴获

现存陕西省宁强县羌族文化博物馆

三级文物

方形墓葬石构件（2件）
**Square Stone Tomb Structure
Parts (2 Pieces)**
Qing

258

清
陕西省宁强县二郎坝镇裃子山村彭戴氏墓被盗案缴获
现存陕西省宁强县羌族文化博物馆
三级文物

抱鼓石形瑞兽墓葬石构件 | **259**

Stone Doorframe Bearing-shaped Tomb Structure
Part with Auspicious Beast Design

Qing

清

宽47、高131厘米

陕西省南镇县黎坪镇李家嘴邓氏墓被盗案缴获

现存陕西省宁强县羌族文化博物馆

三级文物

抱鼓石形瑞鹿天官墓葬石构件 | **260**

Stone Doorframe Bearing-shaped Tomb Structure Part
with Auspicious Deer and God of Wealth Images

Qing

清

宽34、残高72厘米

陕西省南镇县黎坪镇边家梁无名氏墓被盗案缴获

现存陕西省宁强县羌族文化博物馆

三级文物

抱鼓石形墓葬石构件（2件）

Stone Doorframe Bearing-shaped Tomb
Structure Parts (2 Pieces)

Qing

261

清

宽43.5、高104厘米

陕西省宁强县二郎坝镇裙子山村彭戴氏墓被盗案缴获

现存陕西省宁强县羌族文化博物馆

三级文物

"一团和气"墓葬石构件
Stone Tomb Structure Part with
"Harmony" Motif
Qing

262
清
宽58、高29厘米
陕西省南镇县黎坪镇小河村周氏墓被盗案缴获
现存陕西省宁强县羌族文化博物馆
三级文物

戏曲人物墓葬石构件
Stone Tomb Structure Part with
Drama Scene
Qing

263
清
宽59、高36厘米
现存陕西省宁强县羌族文化博物馆
三级文物

抱鼓石形驯马图墓葬石构件

Stone Doorframe Bearing-shaped Tomb Structure Part with Taming Horse Scene

Qing

264

清

宽36.5、高79厘米

现存陕西省宁强县羌族文化博物馆

三级文物

"天官赐福"墓葬石构件（2件）

Stone Tomb Structure Parts with "Tianguan Cifu (the God of Wealth Bestowing Fortune)" Motif (2 Pieces)

Qing

265

清

宽10、高29厘米

现存陕西省宁强县羌族文化博物馆

三级文物

鳌鱼形墓葬石构件（2件）

Legendary Turtle-shaped Stone Tomb Structure Part (2 Pieces)

Qing

266

清

宽35、高17厘米

现存陕西省宁强县羌族文化博物馆

三级文物

瑞兽花卉纹石雕墓门扇（3扇）

Stone Tomb Entrance Door Leaves with Auspicious
Beast and Floral Design (3 Pieces)

Qing

267

清

宽60、高169厘米

现存陕西省宁强县羌族文化博物馆

三级文物

花卉纹石雕墓门扇 | **268**
Stone Tomb Entrance Door Leaf
with Floral Design
清
宽52.高171.3厘米
现存陕西省宁强县羌族文化博物馆
Qing
三级文物

抱鼓石形朝服乘马人物墓葬石构件
Stone Doorframe Bearing-shaped Tomb Structure Part with
Mounted Human Figure in Official Costume

Qing

269

清

宽35.5、高80厘米

现存陕西省宁强县羌族文化博物馆

三级文物

抱鼓石形戏曲人物故事图墓葬石构件（2件）

Stone Doorframe Bearing-shaped Tomb Structure
Parts with Drama Scene (2 Pieces)

Qing

270

清

宽35.5、高120厘米

现存陕西省宁强县羌族文化博物馆

三级文物

抱鼓石形狮纹墓葬石构件（2件）

Stone Doorframe Bearing-shaped Tomb Structure
Parts with Lion Design (2 Pieces)

Qing

271

清

宽43、高146厘米

现存陕西省宁强县羌族文化博物馆

三级文物

方形人物图墓葬石构件 | **272**
Square Stone Tomb Structure Part
with Human Figure

Qing

清
宽68.、高88厘米
现存陕西省宁强县羌族文化博物馆
三级文物

方形禽鸟杂宝纹墓葬石构件 | **273**

Stone Tomb Structure Part with Bird and
Miscellaneous Treasure Design

Qing

清

宽35、高74.6厘米

现存陕西省宁强县羌族文化博物馆

三级文物

麒麟送子图墓葬石构件 | **274**

Stone Tomb Structure Part with Kylin
Bestowing Children Scene

Qing

清

宽38.5、高31厘米

现存陕西省宁强县羌族文化博物馆

三级文物

鳌鱼形墓葬石构件 | **275**

Legendary Turtle-shaped Stone
Tomb Structure Part

Qing

清
宽47、高75厘米
现存陕西省宁强县羌族文化博物馆
三级文物

狮首抱鼓石人物故事图墓葬石构件（3件）
Stone Doorframe Bearing-shaped Tomb Structure Part
with Lion Head and Anecdote Scene (3 Pieces)

Qing

276

清

宽42.5、高116厘米

现存陕西省宁强县羌族文化博物馆

三级文物

二龙戏珠纹墓葬石构件 | **277**

Stone Tomb Structure Part with Double
Dragon Playing Pearl Design

Qing

清
宽63、高60.5厘米
现存陕西省宁强县羌族文化博物馆
三级文物

汉白玉方形人物故事图墓葬构件

Square Marble Tomb Structure Part
with Anecdote Scene

Qing

278

清

宽52、高21.8厘米

现存陕西省宁强县羌族文化博物馆

三级文物

方形读书人物图墓葬石构件

Square Stone Tomb Structure Part
with Reading Scene

Qing

279

清

宽36.高38.5厘米

现存陕西省宁强县羌族文化博物馆

三级文物

渔樵人物图墓葬石构件 | **280**
Stone Tomb Structure Part with Fishing
and Gathering Firewood Scene
Qing

清
宽34、残高38厘米
现存陕西省宁强县羌族文化博物馆
三级文物

铁拐李人物图墓葬石构件 | **281**

Stone Tomb Structure Part with Figure of "Tieguai Li
(Iron Crotch Li, one of the Eight Immortals)"

Qing

清
宽16、残高45厘米
现存陕西省宁强县羌族文化博物馆
三级文物

抱鼓石形丹凤瑞鹿图墓葬石构件（2件）

Stone Doorframe Bearing-shaped Tomb Structure Parts
with Phoenix and Deer Figures (2 Pieces)

Qing

282

清

宽50、高111厘米

现存陕西省宁强县羌族文化博物馆

三级文物

耕读图墓葬石构件 | **283**
Stone Tomb Structure Part with
Farming and Reading Scenes
Qing

清
宽41.5、高77厘米
现存陕西省宁强县羌族文化博物馆
三级文物

卧冰求鲤图墓葬石构件

Stone Tomb Structure Part with "Lying on the
Icy River to Require Carps" Scene

Qing

284

清

宽35、高79.5厘米

现存陕西省宁强县羌族文化博物馆

三级文物

龛形舞剑图墓葬石构件 | **285**

**Niche-shaped Stone Tomb Structure Part
with "Sword Dance" Scene**

Qing

清

宽35、高45厘米

现存陕西省宁强县羌族文化博物馆

三级文物

抱鼓石形舞扇人物图墓葬石构件
Stone Doorframe Bearing-shaped Tomb Structure Part
with Dancing Human Figure with Fan in Hand
Qing

286
清
宽35、高88厘米
现存陕西省宁强县羌族文化博物馆
三级文物

抱鼓石形舞刀人物图墓葬石构件
Stone Doorframe Bearing-shaped Tomb Structure Part with
Dancing Human Figure with Sword in Hand
Qing

287
清
宽35.5、高94厘米
现存陕西省宁强县羌族文化博物馆
三级文物

葫芦钱纹墓葬石构件 | **288**
Stone Tomb Structure Part with
Gourd and Coin Designs

Qing

清
宽50、高50厘米
现存陕西省宁强县羌族文化博物馆
三级文物

方形福禄寿人物图墓葬石构件 | **289**
Square Stone Tomb Structure Part with Figures of
Gods of Happiness, Wealth and Longevity

Qing

清
宽53、高47厘米
现存陕西省宁强县羌族文化博物馆
三级文物

线刻石门扉（2扇）
**Stone Door Leaves with Line
Carving Designs (2 Pieces)**

290
宽55、高146、厚7.5厘米
现存陕西省渭南市中心博物馆
二级文物

金银器 ｜ Golden And Silver Artifacts

须弥座重檐金舍利塔

Gold Sarira Pagoda with Double
Eaves and Sumeru Base

Liao

291

辽

底径7.7、高23.8厘米

河北省蔚县南安寺塔地宫被盗案缴获

现存河北省蔚县博物馆

一级文物

须弥莲座双重檐银塔

Silver Sarira Pagoda with Double Eaves and Sumeru and Lotus Bases

Liao

292

辽

底径8.6、高32.4厘米

河北省蔚县南安寺塔地宫被盗案缴获

现存河北省蔚县博物馆

一级文物

花口高圈足银碗
Silver Bowl with Foliate Rim and High Ring Foot

Liao

293
辽
口径5.5、底径2.5厘米
河北省蔚县南安寺塔地宫被盗案缴获
现存河北省蔚县博物馆
三级文物

带盖银长颈瓶
Silver Long-necked Vase with Lid

Liao

294
辽
口径3.8、底径3.1、高8.8厘米
河北省蔚县南安寺塔地宫被盗案缴获
现存河北省蔚县博物馆
三级文物

鎏金银长颈舍利瓶
Gilt Silver Long-necked Sarira Bottle

Liao

295
辽
底径1.2、高4厘米
河北省蔚县南安寺塔地宫被盗案缴获
现存河北省蔚县博物馆
三级文物

錾花葫芦形提链银舍利瓶 | **296**

Silver Gourd-shaped Sarira Bottle with
Chiseled Design and Chain Handle

Liao

辽

高4.3厘米

河北省蔚县南安寺塔地宫被盗案缴获

现存河北省蔚县博物馆

三级文物

仰莲金座金背光银佛坐像 | **297**

Silver Seated Buddha Statue with Lotus Flower-shaped
Gold Seat and Gold Nimbus

Liao

辽

底径4.5、佛高4.5、通高12厘米

河北省蔚县南安寺塔地宫被盗案缴获

现存河北省蔚县博物馆

二级文物

鎏金莲花金刚杵 | **298**
Gilt Silver Vajra Pestle with
Lotus Petal Design
Liao

辽
长5.5厘米
河北省蔚县南安寺塔地宫被盗案缴获
现存河北省蔚县博物馆
三级文物

金耳饰（1对） | **299**
Gold Earrings (a Pair)
Song

宋
安徽省祁门县公安局移交
二级文物

金菊瓣纹耳饰（1对） | **300**
Gold Earrings with Chrysanthemum Petal
Design (a Pair)
Song

宋
安徽省祁门县公安局移交
二级文物

银鎏金花卉双股发钗 | **301**
Gilt Silver Double-tined Hairpin
with Floral Design
Song

宋
长18.3厘米
安徽省祁门县公安局移交
三级文物

银鎏金莲瓣纹执壶 | **302**

Gilt Silver Pitcher with | 宋
Lotus Petal Design | 口径6.5、高23厘米

Song | 现存四川省旺苍县文管所
| 三级文物

银带盖方执壶 | **303**
Silver Square Pitcher with Lid | 宋
Song | 口径4.5、高18厘米
现存四川省旺苍县文管所
三级文物

银鎏金花鸟纹盘 | **304**

Gilt Silver Plate with Bird-and-flower Design

Song

宋

口径21.5、高6厘米

现存四川省旺苍县文管所

三级文物

银鎏金花鸟纹盘 | **305**

Gilt Silver Plate with Bird-and-flower Design

Song

宋

口径14.5、高4.5厘米

现存四川省旺苍县文管所

三级文物

银鎏金花鸟纹葵口盘 | **306**
Gilt Silver Plate with Bird-and-flower Design
and Mallow-shaped Rim

宋

口径21、高6厘米

Song

现存四川省旺苍县文管所

三级文物

银篮纹盘 | **307**
Silver Plate with Basket-
weave Pattern

宋

口径10、高4厘米

Song

现存四川省旺苍县文管所

三级文物

银提梁串锅 | **308**

Silver Cauldron with Swing Handle

Song

宋

口径27、高10厘米

现存四川省旺苍县文管所

三级文物

银圈足葵口杯 | **309**
Silver Boat-shaped Cup with Mallow-shaped Rim Ring Foot | 宋
口径10.5、高5厘米
现存四川省旺苍县文管所
Song | 三级文物

银圈足船形杯 | **310**
Silver Boat-shaped Cup with Ring Foot | 宋
口长径17.5、短径8厘米
现存四川省旺苍县文管所
Song | 三级文物

银船形杯 | **311**

Silver Boat-shaped Cup

Song

宋
口长径18、短径7厘米
现存四川省旺苍县文管所
三级文物

银葵口带柄勺 | **312**

**Silver Ladle with Mallow-shaped Rim
and Handle**

Song

宋
口径8、柄长22.5厘米
现存四川省旺苍县文管所
三级文物

银鎏金摩羯缠枝纹器盖 | **313**
Gilt Silver Lid with Makara and Intertwined
Floral Designs
Song

宋
长径27、短径20厘米
现存四川省旺苍县文管所
三级文物

其他 | Other Artifacts

玉涡纹系璧 | **314**
Jade *Bi*-disc with Spiral Pattern | 西汉
Western Han | 直径2.1厘米
安徽省定远县公安局移交
三级文物

玉瑗 | **315**
Jade *Yuan*-ring | 西汉
Western Han | 直径4.5厘米
安徽省定远县公安局移交
三级文物

玉环（2件） | **316**
Jade Rings (2 Pieces) | 西汉
Western Han | 直径2.9、2.8厘米
安徽省定远县公安局移交
三级文物

玉蝉 | **317**
Jade Cicada | 西汉
Western Han | 长5、宽2.7厘米
安徽省定远县公安局移交
三级文物

穿纽"□志"玉印 | **318**

Jade Seal with "X Zhi" Inscription and Holed Knob

西汉

底边长1.8、宽0.6、高2.6厘米

安徽省定远县公安局移交

Western Han

三级文物

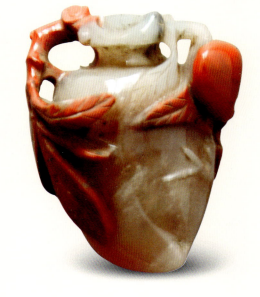

玛瑙鼻烟壶 | **319**

Agate Snuff Bottle

清

高6厘米

Qing

河南省宝丰县商酒务村北盗窃案缴获

现存河南省宝丰县文物局

三级文物

骨筒形盒 | **320**

Bone Tubular Case

西汉

口径3.2、底径3.3、高3.9厘米

Western Han

安徽省定远县公安局移交

三级文物

长方形石砚 | **321**
Rectangular Ink Stone | 宋
Song | 长16.4、宽9厘米
安徽省安庆市公安局迎江分局移交
三级文物

长方形歙砚

Rectangular *She* Ink Stone

Song

322

宋

长19.2、宽13.2厘米

安徽省安庆市公安局迎江分局移交

三级文物

佛头像壁画 | **323**
Mural of Buddha Head

长12、宽11.5厘米
新疆维吾尔自治区达玛沟佛教遗址被盗案缴获
现存新疆维吾尔自治区策勒县文体局
二级文物

佛头像壁画 | **324**

Mural of Buddha Head

长11、宽9.5厘米

新疆维吾尔自治区达玛沟佛教遗址被盗案缴获

现存新疆维吾尔自治区策勒县文体局

三级文物

舞者图壁画 | **325**
Mural of Dancers | 长55、宽53厘米
新疆维吾尔自治区达玛沟佛教遗址被盗案缴获
现存新疆维吾尔自治区策勒县文体局
二级文物

舞者图壁画 | **326**
Mural of Dancers | 长65、宽56厘米
新疆维吾尔自治区达玛沟佛教遗址被盗案缴获
现存新疆维吾尔自治区策勒县文体局
二级文物

舞者图壁画 | **327**

Mural of Dancers | 宽34、高40厘米
新疆维吾尔自治区达玛沟佛教遗址被盗案缴获
现存新疆维吾尔自治区策勒县文体局
三级文物

舞者图壁画 | **328**
Mural of Dancers

长53、宽48厘米
新疆维吾尔自治区达玛沟佛教遗址被盗案缴获
现存新疆维吾尔自治区策勒县文体局
三级文物

菩萨坐像壁画 | **329**
Mural of Seated Bodhisattva

长62、宽38厘米
新疆维吾尔自治区达玛沟佛教遗址被盗案缴获
现存新疆维吾尔自治区策勒县文体局
二级文物

供养人像壁画 | **330**
Mural of Portraits of Donors

长93、宽73厘米
新疆维吾尔自治区达玛沟佛教遗址被盗案缴获
现存新疆维吾尔自治区策勒县文体局
二级文物

壁画 | **331**
Mural | 长25、宽21、5厘米
新疆维吾尔自治区达玛沟佛教遗址被盗案缴获
现存新疆维吾尔自治区策勒县文体局
二级文物

棕地黄色花卉狩猎纹锦

Brown Brocade with Yellow Floral and
Hunting Patterns

332

长61.5、宽16.5

新疆维吾尔自治区达玛沟佛教遗址被盗案缴获

现存新疆维吾尔自治区策勒县文体局

二级文物

残毛布袍 | **333**

Fragment of Robe Made of Woolen Cloth

长117、宽100厘米
新疆巴州且末"12·18"重大非法倒卖文物案缴获
现存新疆维吾尔自治区且末县博物馆
二级文物

残毛布袍 │ **334**
Fragment of Robe Made of Woolen Cloth

长126、宽68厘米
新疆巴州且末"12·18"重大非法倒卖文物案缴获
现存新疆维吾尔自治区且末县博物馆
二级文物

驼色带护耳编织帽 | **335**
Brown Wool-woven Cap with Earflap
帽檐径36、残高21厘米
新疆巴州且末"12·18"重大非法倒卖文物案缴获
现存新疆维吾尔自治区且末县博物馆
二级文物

驼色编织帽 | **336**
Brown Wool-woven Cap
帽檐径28.5、残高23厘米
新疆巴州且末"12·18"重大非法倒卖文物案缴获
现存新疆维吾尔自治区且末县博物馆
二级文物

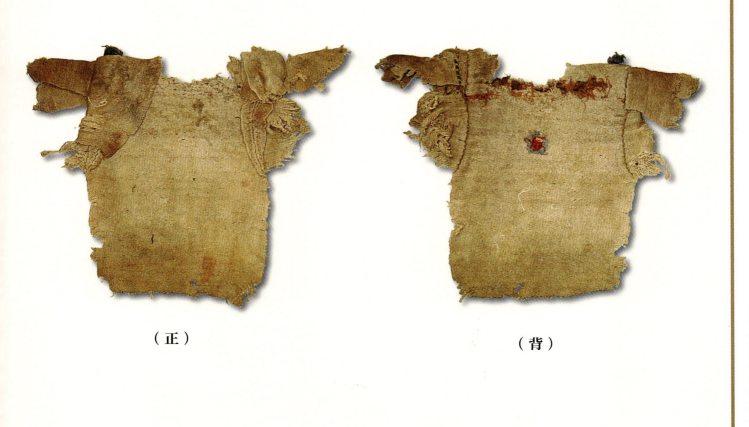

（正）　　　　　　　　　　　　　　　　　　　（背）

粗毛布童装（上衣）
Coarse Woolen Cloth Children Dress (Jacket)

337
衣长43、连袖通宽55厘米
新疆巴州且末"12·18"重大非法倒卖文物案缴获
现存新疆维吾尔自治区且末县博物馆
三级文物

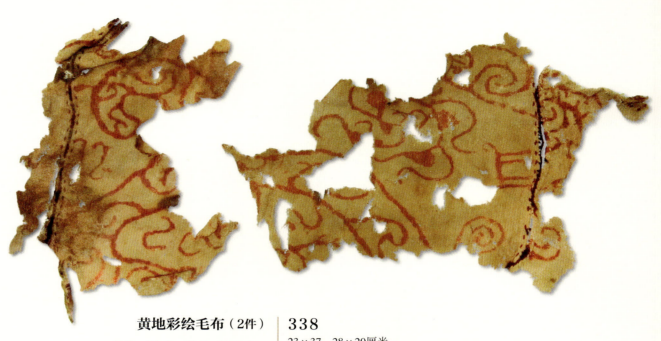

黄地彩绘毛布（2件）

Yellow Woolen Cloth with Color Painted Design (2 Pieces)

338

23×37、28×20厘米

新疆巴州且末"12·18"重大非法倒卖文物案缴获

现存新疆维吾尔自治区且末县博物馆

三级文物

彩色条纹毛布

Woolen Cloth with Colored Stripes

339

宽44、高46厘米

新疆巴州且末"12·18"重大非法倒卖文物案缴获

现存新疆维吾尔自治区且末县博物馆

三级文物

彩色条纹毛布（2件）

Woolen Cloth with Colored Stripes
(2 Pieces)

340

95×29、60×29厘米

新疆巴州且末"12·18"重大非法倒卖文物案缴获

现存新疆维吾尔自治区且末县博物馆

三级文物

人物皮影（20件）
Shadow Play Puppets (20 Pieces)

341

民国时期
宽5.9～20.5、高5.1～37厘米
陕西省旬阳县公安局刑警大队收缴
现存陕西省旬阳县博物馆
三级文物

后记

　　在国家文物局和公安部领导的高度重视和大力支持下，继出版《众志成城　雷霆出击 ——2010年全国重点地区打击文物犯罪成果精粹》之后，《2011打击文物犯罪专项行动成果精粹》（以下简称《精粹》）如期编辑出版。《精粹》所载400余幅精美文物图片，均选自"2011打击文物犯罪专项行动"中各地公安机关和文物部门从犯罪分子手中追缴的三级以上珍贵文物图片，配以翔实的文字介绍，集中记载和展示了本次专项行动取得的辉煌战果和重要意义。

　　北京、河北、山西、内蒙古、江苏、安徽、江西、山东、河南、湖北、湖南、四川、陕西、甘肃、宁夏、青海、新疆等17个省、自治区、直辖市公安厅、省文物局及各基层有关公安机关、文物部门，为《精粹》的出版提供了丰富生动的素材，做了大量卓有成效的工作，在此一并致谢。

　　因时间仓促以及水平所限，本书难免有不足和疏漏之处，恳请读者给予批评指正。

编者

2013年1月28日